中国铁建股份有限公司企业标准

# 铁路装配式桥墩施工
# 技术规程

**Technical Specification for Construction of Railway Prefabricated Piers**

**Q/CRCC 13202—2022**

主编单位：中铁二十一局集团有限公司
批准单位：中国铁建股份有限公司
实行日期：2023 年 5 月 1 日

人民交通出版社
2023・北京

**图书在版编目（CIP）数据**

铁路装配式桥墩施工技术规程 / 中铁二十一局集团有限公司主编. — 北京 ：人民交通出版社股份有限公司，2025. 10. — ISBN 978-7-114-20722-8

Ⅰ. U448.33-65

中国国家版本馆 CIP 数据核字第 20253K0M51 号

**标准类型：** 中国铁建股份有限公司企业标准
**标准名称：** 铁路装配式桥墩施工技术规程
**标准编号：** Q/CRCC 13202—2022
**主编单位：** 中铁二十一局集团有限公司
**责任编辑：** 刘彩云　赵慧琰
**责任校对：** 龙　雪
**责任印制：** 张　凯
**出版发行：** 人民交通出版社
**地　　址：**（100011）北京市朝阳区安定门外外馆斜街 3 号
**网　　址：** http://www.ccpcl.com.cn
**销售电话：**（010）85285857
**总 经 销：** 人民交通出版社发行部
**经　　销：** 各地新华书店
**印　　刷：** 北京交通印务有限公司
**开　　本：** 880 × 1230　1/16
**印　　张：** 4.5
**字　　数：** 101 千
**版　　次：** 2025 年 10 月　第 1 版
**印　　次：** 2025 年 10 月　第 1 次印刷
**书　　号：** ISBN 978-7-114-20722-8
**定　　价：** 40.00 元

# 中国铁建股份有限公司文件

中国铁建科创〔2022〕107号

## 关于发布《沙漠砂混凝土应用技术规程》等10项中国铁建企业技术标准的通知

各区域总部，所属各单位，各直管项目部：

现批准发布《沙漠砂混凝土应用技术规程》（Q/CRCC 22601—2022）、《瓦斯隧道施工安全技术规程》（Q/CRCC 23101—2022）、《城市轨道交通信息模型施工应用指南（机电部分）》（Q/CRCC 32302—2022）、《城市轨道交通联调联试技术规程》（Q/CRCC 32303—2022）、《自行式模块运输车法拆建桥梁上部结构施工技术规程》（Q/CRCC 23201—2022）、《铁路装配式桥墩施工技术规程》（Q/CRCC 13202—2022）、《装配式无砟轨道道床技术规程》（Q/CRCC 33306—2022）、《钢管混凝土轨枕》（Q/CRCC 33307—2022）、《高速铁路 40m 预制后张法预应力混凝土简支箱梁预制施工及验收技术规程》（Q/CRCC 13203—2022）和《高速铁路 40m 预制后张法预应力混凝土简支箱梁架设技术规程》（Q/CRCC 13204—2022），自 2023 年 5 月 1 日起实施。

以上标准由人民交通出版社股份有限公司出版发行。

**中国铁建股份有限公司**

2022年11月18日

中国铁建股份有限公司办公室（党委办公室）　　2022年11月18日印发

# 前　言

根据中国铁建股份有限公司《关于印发 2020 年中国铁建企业技术标准编制计划的通知》(中国铁建科创〔2020〕51 号)的要求，本规程由中铁二十一局集团有限公司会同有关单位编制完成。

本规程编制过程中，编制组深入开展调查研究，系统总结科研成果和工程实践经验，并与相关标准进行了协调。在此基础上，广泛征求有关单位和专家意见，经反复讨论、修改，最终由中国铁建股份有限公司科技创新与数字化部审查定稿。

本规程共分 9 章和 1 个附录，主要技术内容包括：1 总则；2 术语和符号；3 基本规定；4 施工准备；5 材料要求；6 构件预制；7 构件运输；8 构件安装；9 施工安全与环境保护。

本规程由中铁二十一局集团有限公司负责具体技术内容的解释，由中国铁建股份有限公司科技创新与数字化部负责管理。规程执行过程中如有意见或者建议，请寄送中铁二十一局集团有限公司(地址：甘肃省兰州市安宁区北滨河西路 921 号，邮编：730070；电子邮箱：Zt21jkjc@126.com)，以供今后修订时参考。

**主 编 单 位：**中铁二十一局集团有限公司
**参 编 单 位：**兰州交通大学
新疆铁道勘察设计院有限公司
甘肃铁鹰建筑质量检测有限公司
乌鲁木齐诚而信工程检测有限公司
**主要起草人员：**徐　镭　张振钛　张戎令　冯建军　魏存兰　李文波
裴有陆　杲　斐　盖　涛　段　运　于　博　袁国涛
张学斌　张树新　张志勇　芦　巍　曹利臣　胡瑞泉
王保军　袁宪灿　王立博　杨建平　牛晓兵　于　洋
施文龙　王　伟　曲登殿　李建杰　何红波　李江俊
李军昌　朱建江　王阳光

**主要审查人员：**薛吉岗　仇志明　雷晓峰　吴志勇　王龙飞　丁大有
姚发海　张家玮　李庆民　张立青　贾俊峰　陈国新
徐惠纯

# 目　次


**1　总则**……1
**2　术语和符号**……2
2.1　术语……2
2.2　符号……4
**3　基本规定**……5
3.1　一般规定……5
3.2　建设单位……6
3.3　勘察设计单位……6
3.4　监理单位……6
3.5　施工单位……6
**4　施工准备**……9
4.1　施工调查……9
4.2　设计文件核对……10
4.3　施工组织设计及施工方案……11
4.4　施工作业指导书……12
4.5　施工技术交底……13
4.6　临时工程……14
4.7　首件评估……16
**5　材料要求**……17
5.1　一般规定……17
5.2　混凝土……17
5.3　钢筋……18
5.4　高强无收缩水泥灌浆料……18
5.5　垫层砂浆……19
5.6　灌浆套筒……20
5.7　金属波纹管……21
5.8　波纹钢管……21
5.9　环氧胶黏剂……21
5.10　超高性能混凝土……23
5.11　预应力筋-锚具组装件……24

6 构件预制 …… 26
6.1 一般规定 …… 26
6.2 预制场（厂）场地 …… 28
6.3 模板 …… 28
6.4 钢筋及预埋件 …… 30
6.5 墩身 …… 31
6.6 墩帽 …… 32
6.7 养护 …… 32
6.8 场内移运及存放 …… 33
6.9 检查与验收 …… 34
7 构件运输 …… 39
7.1 一般规定 …… 39
7.2 运输 …… 39
7.3 进场验收及存放 …… 41
8 构件安装 …… 42
8.1 一般规定 …… 42
8.2 预应力连接 …… 43
8.3 灌浆套筒连接 …… 46
8.4 金属波纹管连接 …… 47
8.5 超高性能混凝土连接 …… 48
8.6 承插连接 …… 50
8.7 检查与验收 …… 50
8.8 成品保护 …… 53
9 施工安全与环境保护 …… 54
9.1 一般规定 …… 54
9.2 施工安全 …… 54
9.3 环境保护 …… 55
附录 A …… 57
本标准用词说明 …… 59
引用标准名录 …… 60
涉及专利和专有技术名录 …… 62

# Contents


**1 General Provisions** ······ 1

**2 Terms and Symbols** ······ 2

2. 1 Terms ······ 2

2. 2 Symbols ······ 4

**3 Basic Requirements** ······ 5

3. 1 General Requirements ······ 5

3. 2 Development Unit ······ 6

3. 3 Survey and Design Unit ······ 6

3. 4 Supervision Unit ······ 6

3. 5 Construction Unit ······ 6

**4 Construction Preparation** ······ 9

4. 1 Construction Investigation ······ 9

4. 2 Design Documents Check ······ 10

4. 3 Construction Organization Design and Construction Scheme ······ 11

4. 4 Construction Operation Instructions ······ 12

4. 5 Construction Technology Disclosure ······ 13

4. 6 Temporary Engineering ······ 14

4. 7 First Evaluation ······ 16

**5 Material Requirements** ······ 17

5. 1 General Requirements ······ 17

5. 2 Concrete ······ 17

5. 3 Steel Reinforcement ······ 18

5. 4 High-Strength Non-Shrink Grouting Materials ······ 18

5. 5 Bedding Mortar ······ 19

5. 6 Grouting Sleeves ······ 20

5. 7 Metal Bellows ······ 21

5. 8 Corrugated Steel Pipe ······ 21

5. 9 Epoxy Resin Adhesive ······ 21

5. 10 Ultra-High Performance Concrete ······ 23

5. 11 Prestressing Tendon and Anchorage Assembly ······ 24

**6 Component Prefabrication** ······ 26
6. 1 General Requirements ······ 26
6. 2 Prefabricated Factory Site ······ 28
6. 3 Template ······ 28
6. 4 Steel and Embedded Parts ······ 30
6. 5 Pier Shaft ······ 31
6. 6 Pier Cap ······ 32
6. 7 Maintenance ······ 32
6. 8 On-site Transfer and Storage ······ 33
6. 9 Inspection and Acceptance ······ 34
**7 Component Transportation** ······ 39
7. 1 General Requirements ······ 39
7. 2 Transportation ······ 39
7. 3 Site Acceptance and Storage ······ 41
**8 Component Installation** ······ 42
8. 1 General Requirements ······ 42
8. 2 Prestressed Connection ······ 43
8. 3 Grouting Sleeve Connection ······ 46
8. 4 Metal Bellows Connection ······ 47
8. 5 Ultra-high Performance Concrete Connection ······ 48
8. 6 Socket Connection ······ 50
8. 7 Inspection and Acceptance ······ 50
8. 8 Product Protection ······ 53
**9 Construction Safety and Environmental Protection** ······ 54
9. 1 General Requirements ······ 54
9. 2 Construction Safety ······ 54
9. 3 Environmental Protection ······ 55
**Appendix A** ······ 57
**Explanation of Wording in This Standard** ······ 59
**List of Quoted Standards** ······ 60
**List of Patents and Proprietary Technologies** ······ 62

# 1 总则

**1.0.1** 为规范铁路装配式桥墩施工的技术管理，在铁路装配式桥墩的生产及施工中，贯彻执行国家发展政策，达到适用、安全、绿色、美观、耐久的要求，全面提高铁路装配式桥墩建设的环境效益、社会效益和经济效益，制定本规程。

**条文说明**

本条简述铁路装配式桥墩建设的基本原则，结构构件除应满足标准化设计、工场（厂）化生产、装配化施工、信息化管理和智能化应用等要求外，还应满足桥墩全寿命期运维、改造等要求。

**1.0.2** 本规程适用于铁路工程采用装配式桥墩结构体系的结构构件制作、存放、运输、安装和质量验收。

**1.0.3** 铁路装配式桥墩应满足工程结构安全、耐久性能及系统使用功能要求，积极推广应用新技术、新工艺、新设备、新材料，实现桥墩结构功能完整、性能优良。

**1.0.4** 铁路装配式桥墩的生产运输、施工安装、质量验收除应执行本规程外，尚应符合国家现行有关标准和中国铁建现行有关企业技术标准的规定。

# 2 术语和符号

## 2.1 术语

**2.1.1** 预制混凝土构件 precast concrete component

在工场（厂）或现场预先制作的混凝土构件，简称预制构件。

**2.1.2** 装配式混凝土桥墩 prefabricated concrete bridge piers

由预制混凝土构件装配、连接形成的桥墩，简称装配式桥墩。

**2.1.3** 灌浆套筒连接 grouted sleeve coupler connection

通过高强无收缩水泥灌浆料填充在钢筋与连接套筒间隙，硬化后形成接头，将一根钢筋中的力传递至另一根钢筋的锚固构造。

**2.1.4** 灌浆金属波纹管连接 grouted corrugated metal duct connection

通过高强无收缩水泥灌浆料填充在钢筋与金属波纹管间隙，硬化后形成对钢筋的锚固构造。

**2.1.5** 装配式桥墩预应力连接 prestressed connection of precast pier

采用预应力装置实现墩身节段与墩身节段、墩身与墩帽、墩身与承台之间整体受力的连接构造。

**2.1.6** 承插式连接 socket connection

将预制构件一端插入相接构件的预留孔内，通过浇筑混凝土（不低于预制构件混凝土强度）或高强水泥灌浆料填实预留孔内间隙，使预制构件与相连构件整体受力的连接构造。

**2.1.7** 超高性能混凝土 UHPC (Ultra-High Performance Concrete)

由水泥、矿物掺合料、集料、纤维、外加剂和水等原材料制成的具有超高力学性能、超高抗渗性能的高韧性水泥基复合材料。

**2.1.8** UHPC 湿接缝连接 UHPC wet joint connection

通过后浇超高性能混凝土形成湿接缝的锚固方式。

**2.1.9** 高强无收缩水泥灌浆料 high-strength non-shrinkage cement grouting material

以水泥为基体，以高强度材料为集料，辅以高流态、防离析、微膨胀等性能的外加剂组成的干混料。现场加水搅拌均匀后用于填充带肋钢筋和金属波纹管或灌浆套筒间的空隙。

**2.1.10** 常温型灌浆料 normal temperature type cementitious grout

适用于灌浆施工及养护过程中24h内灌浆部位环境温度不低于5℃的灌浆料。

**2.1.11** 低温型灌浆料 low temperature type cementitious grout

适用于灌浆施工及养护过程中24h内灌浆部位环境温度为−5℃～10℃的灌浆料。

**2.1.12** 灌浆套筒 grouted sleeve coupler

通过水泥灌浆料的传力作用将钢筋对接连接所用的金属套筒。通常采用铸造工艺或者机械加工工艺制造。灌浆套筒分为全灌浆套筒和半灌浆套筒。

**2.1.13** 全灌浆套筒 whole grout sleeve

两端钢筋均采用高强无收缩水泥灌浆料与套筒连接的灌浆套筒。

**2.1.14** 半灌浆套筒 half-grout sleeve with mechanical splicing end

筒体一端采用灌浆方式连接，另一端采用非灌浆方式连接钢筋的灌浆套筒。

**2.1.15** 垫层砂浆 bedding mortar

填充在不同类型构件拼接缝之间的高强无收缩砂浆过渡层。

**2.1.16** 环氧拼接缝 epoxy joint

相邻预制构件之间采用环氧胶黏剂形成的接缝。常用于墩身与承台、墩身节段间以及墩身与墩帽之间的拼接。

**2.1.17** 自密实混凝土 self-compacting concrete

具有高流动性、间隙通过性和抗离析性，浇筑时仅靠其自重作用而无须振捣便能均匀充填密实成型的高性能混凝土。

**2.1.18** 剪力键 shear key

用于承担预制构件拼接接缝之间剪力作用的凸块和凹槽。

## 2.2 符号

**2.2.1** 几何参数

$d_s$——钢筋的公称直径。

**2.2.2** 作用和作用效应

$\eta_\alpha$——预应力筋-锚具组装件静载试验测得的锚具效率系数；

$\varepsilon_{apu}$——预应力筋-锚具组装件达到实测极限拉力时的总应变。

# 3 基本规定

## 3.1 一般规定

**3.1.1** 建设各方应加强管理工作，宜以信息化为管理基础整合系统资源，采用机械化、工厂化、专业化、信息化施工，实现质量、安全、工期、投资、环境保护等建设管理目标。

**3.1.2** 建设各方应建立健全质量保证体系，对工程施工质量进行全过程控制管理，落实质量责任终身制。

**3.1.3** 建设各方应制定项目管理规划并选择合理的施工方案，重点加强原材料质量、墩身预制、吊装、转运、安装等关键工序的过程控制，注重装配式工艺设计、连接、注浆、预埋件安装等细节管理。

**3.1.4** 建设各方应建立健全安全生产管理体系，并符合现行《铁路工程基本作业施工安全技术规程》（TB 10301）及《铁路桥涵工程施工安全技术规程》（TB 10303）的有关规定；应制定相应的安全技术措施和应急预案，并严格执行安全技术规程和相应的劳动卫生标准，防止发生职业健康安全事故。

**3.1.5** 装配式桥墩工程施工应编制施工组织设计，施工组织设计应符合现行《铁路工程施工组织设计规范》（Q/CR 9004）的规定。

**3.1.6** 装配式桥墩工程施工应建立信息管理系统并定期维护，保证工程施工管理信息传递及时、可靠有效。

**3.1.7** 装配式桥墩工程施工应加强现场管理，规范现场布置，提高文明施工水平。

**3.1.8** 装配式桥墩工程施工应根据国家节约资源、减少排放等有关法规和技术标准，结合工程特点、施工环境编制并实施工程施工节能减排技术措施。

**3.1.9** 装配式桥墩预制场（厂）和拌和站等规划设计应体现节约用地、节省投资、环保节能、永临结合、合理使用的原则，有效减少施工对环境的影响。

**3.1.10** 装配式桥墩工程施工期间，应按设计要求施工，不得在线路附近挖砂、取土、堆载，严格限制线路两侧地下水的抽取，确保工程结构安全。

## 3.2 建设单位

**3.2.1** 应协调和组织勘察设计、试验检测、监理、施工等单位编写指导性施工组织设计，明确各参建单位的职责、工作内容。

**3.2.2** 应根据装配式桥墩的特点办理建设手续，组织做好装配式桥墩设计文件的审查工作。

**3.2.3** 施工结束后，应组织参建单位将工程建设有关资料移交运营设备管理单位。

## 3.3 勘察设计单位

**3.3.1** 配合建设单位完善建设手续。在设计中充分考虑铁路装配式桥墩工程施工现场地形、地貌及运输条件等，根据实际工程情况确定合理的铁路装配式桥墩尺寸和形式，确保设计方案切实可行。

**3.3.2** 加强装配式桥墩的方案研究和工程设计，确保设计文件深度。

**3.3.3** 按规定向各参建单位进行装配式桥墩施工图设计交底及答疑，对关键技术进行详细说明，负责现场施工配合工作。

## 3.4 监理单位

**3.4.1** 对装配式桥墩预制构件的预制、运输、安装等施工方案和应急预案进行重点审查、给出结论性意见，督促施工单位按施工方案执行。

**3.4.2** 做好混凝土原材料、预应力材料、防水材料、粘结剂、支座、构配件等进场和预制构件出场的检查验收。

**3.4.3** 加强对钢筋制作和安装、预埋件安装定位、预留孔洞、混凝土浇筑、预应力筋张拉以及桥墩预制运输安装等重要工序施工的现场监理。

## 3.5 施工单位

**3.5.1** 参加建设单位组织的现场核对、设计技术交底、检查及验收等工作。

**3.5.2** 预制场（厂）应遵循以人为本、因地制宜、节约用地、满足施工需要的原则，合理布置生产区、辅助生产区、办公生活区等，并考虑防火、防爆、防自然灾害等要求。同时，铁路装配式桥墩工程施工现场管理应符合现行《铁路建设项目现场管理规范》（Q/CR 9202）的规定。

**3.5.3** 施工前应进行施工调查，根据预制、拼装精度要求和现场实际情况编制施工组织设计及切实可行的施工方案；对于装配式桥墩的吊装、转运等高风险施工，应编制专项施工方案和应急预案，并按规定进行应急预案演练。

**3.5.4** 铁路装配式桥墩工场（厂）预制、运输、吊装等工序应制定专项方案。

**3.5.5** 编制装配式桥墩工程实施性施工组织设计及关键工序的作业指导书，明确施工作业标准和工艺要求。

**3.5.6** 加强进场材料的检查验收。

**3.5.7** 根据装配式桥墩工程的生产、施工管理和技术特点，对相关人员进行专项培训和技术交底，经考核合格后方可上岗。

**3.5.8** 装配式桥墩施工涉及新技术、新工艺、新材料、新设备的人员应经过专门培训，合格后方可上岗。

**3.5.9** 装配式桥墩工程施工资料的收集和整理工作应与工程进度同步进行，保证其时效性和追溯性，并按有关规定进行资料归档。

**3.5.10** 对于混凝土施工、钢筋施工、模板施工、桥墩预制及转运拼装、预应力施工等关键工序，应组建专业化的作业队伍施工，管理和作业人员宜相对固定。

**3.5.11** 铁路装配式桥墩工程施工应结合项目规模和特点，按照现行《铁路建设项目工程试验室管理标准》（Q/CR 9204）的规定设置工程试验室，满足工程质量控制要求。

**3.5.12** 门式起重机等大型吊装设备应进行专项检测并出具有效的安全检验合格证，吊具、吊架应进行专业设计并按照规定进行检测。

**3.5.13** 预制构件检验合格后方可出场（厂），出场（厂）前应在明显位置进行标识，包括工程名称、施工单位名称、监理单位名称、构件编号、生产日期等，宜采用二维码、预埋信息芯片等信息化标识。

**3.5.14** 装配式桥墩工程施工现场应按规定设置安全文明标志。

**3.5.15** 装配式桥墩工程按规定开展沉降变形观测及评估，应符合设计要求或相关规定。

**3.5.16** 对已经完成的装配式桥墩成品进行保护，并根据实际情况制定冬、夏期的防护措施。

**3.5.17** 按有关规定文明施工，并及时进行施工场地的清理和恢复工作。

# 4 施工准备

## 4.1 施工调查

**4.1.1** 施工单位应根据项目的单项或单位工程实施性施工组织设计的需要，结合施工放样测量，按不同深度分别进行单项或单位工程的施工调查。

**4.1.2** 当施工调查发现设计与实际不符时，施工单位应以书面形式及时联系勘察设计单位和其他相关单位进行核查确认。

**4.1.3** 施工调查前应编制施工调查计划，明确施工调查的依据、内容、方法、人员及分工等。

**4.1.4** 施工调查的主要依据应包括下列内容：

1 工程招、投标文件。

2 施工合同。

3 设计文件。

4 企业技术管理文件。

**4.1.5** 施工调查的主要内容应包括：

1 沿线装配式桥墩工点分布情况、地形地貌、地质、气象、水文及地震烈度等。

2 可供施工利用的山坡荒地、需要占用的耕地和拆迁建筑物情况，施工期内对当地水利排灌和交通设施的影响情况及解决方案。

3 当地劳动力和生产物资供应、加工能力，通信设施和水陆交通运输能力，水源和电源供应能力，水泥、掺合料、砂石料等施工材料的供应能力，可供利用的生活物资供应等情况，当地计量、检验机构情况。

4 地区性疫病和卫生防疫状况、风俗习惯以及施工队伍应注意的事项等。

5 可供装配式桥墩预制构件生产所需的门式起重机、转运车辆等设备。

6 装配式桥墩所在位置的地上地下管线分布、交通运输及跨线工程情况，并提出装配式桥墩预制构件运输、安装等施工方案。

7 运输便道的施工情况及施工质量是否满足装配式桥墩预制构件的运输要求。

8 对装配式桥墩预制构件在运输地段的高压线、通信线、广播线、桥梁、隧道、渡槽及其他影响运输设备走行净空和工作净空的障碍物进行调查，提出解决办法。

9 针对装配式桥墩预制构件运输困难地段的道路情况，应制订应对措施。

10 装配式桥墩预制场（厂）场址的地形、地貌、水电供应、道路交通、施工排水等情况。

11 当装配式桥墩位于文物古迹密集区、风景区时，向当地有关部门了解文物古迹分布、保护要求情况及当地对环境保护的规定和要求。

**4.1.6** 现场施工调查完毕，应编写施工调查报告。施工调查报告应包括下列内容：

1 装配式桥墩工程的设计概况、水文及地质情况、施工技术特点和难点等。

2 装配式桥墩工程的施工条件及场地情况，沿线交通和供水、供电、供油情况，主要材料的供应条件和供应方式，砂石料场分布情况，生活物资供应情况，临时房屋和临时通信的解决方案等。

3 施工建议方案，主要包括下列内容：

（1）装配式桥墩预制构件运输道路的布局及对现有道路的改、扩建方案。

（2）装配式桥墩预制场（厂）的施工供水、供电设置方案。

（3）装配式桥墩所需砂石料场的设置及其开采规模、运输方法和供应范围。

（4）主要材料供应基地、试验室、混凝土拌和站的设置和规模。

（5）装配式桥墩施工机械设备配置方案和租赁机械设备意见。

（6）影响装配式桥墩施工的障碍物拆迁方案。

（7）装配式桥墩预制构件的运输路径和运输方案。

**4.1.7** 现场施工调查应采用现场勘察和沿线走访相结合的方法进行，并应携带必要的文件和设计资料在现场进行核对。

**4.1.8** 现场施工调查完毕，应布设满足装配式桥墩拼装精度的测量控制网，测量控制网应符合现行《铁路工程测量规范》（TB 10101）的有关规定。

## 4.2 设计文件核对

**4.2.1** 装配式桥墩工程开工前，施工单位应组织有关人员对设计文件进行全面核对，重点核对以下主要内容：

1 装配式桥墩设计位置与既有铁路、公路和其他构筑物的位置关系。

2 施工方案和技术措施的可行性。

3 主要工程数量、材料与设备的品种、规格。

4 装配式桥墩预制场（厂）位置的合理性和可操作性。

5 装配式桥墩预制构件运输道路的可行性。

6 征用土地界线及因桥墩装配施工造成既有建筑物拆迁补偿数量。

**4.2.2** 核对中发现的问题应及时以书面形式递交勘察设计单位进行解决并报备建设单位。

**4.2.3** 设计文件核对完成后，施工单位与勘察设计单位应共同形成书面报告，并呈报建设单位和相关单位。

## 4.3 施工组织设计及施工方案

**4.3.1** 编制实时性施工组织设计应结合装配式桥墩工程的特点，按照建设项目的工期要求和投资计划，有计划地合理组织和安排工期，并对劳动力、材料、机具等生产资源进行合理配置，其主要内容应包括：

1 工程概况、编制依据、主要工程数量、工期要求、工程特点。

2 施工管理机构及施工队伍部署，临时用地计划、临时工程计划、材料供应计划、机械设备配置计划、劳动力配备计划和水、电供应方案等。

3 施工进度安排。

4 装配式桥墩预制构件的预制、转运、安装方案。

5 施工管理、工程质量、施工进度和施工安全保证措施等。

6 施工过程中对环境的直接影响和潜在影响，对各种影响所采取的环境保护和水土保持措施。

7 施工地区发生自然灾害、施工中发生紧急情况时的应急预案。

**4.3.2** 实施性施工组织设计应在开工前作为开工报告的组成部分呈报监理单位，按照有关规定批准后实施；在实施过程中应根据客观条件、生产资源配置的变化情况及时调整施工组织设计，实行动态管理。

**4.3.3** 装配式桥墩预制场（厂）门式起重机的安拆、装配式桥墩预制构件的转运、安装等危险性较大的工程需编制专项施工方案，主要内容应包括：

1 工程概况：危大工程概况和特点、施工平面布置、施工要求和技术保证条件。

2 编制依据：相关法律、法规、规范性文件、标准、规范及施工图设计文件、施工组织设计等。

3 施工计划：包括施工进度计划、材料与设备计划、劳动力计划。

4 施工工艺技术：技术参数、工艺流程、施工方法、操作要求、检查要求等。

5 施工安全保证措施：组织保障措施、技术措施、监测监控措施等。

6 施工管理及作业人员配备和分工：施工管理人员、专职安全生产管理人员、特种作业人员、其他作业人员等。

7 验收要求：验收标准、验收程序、验收内容、验收人员等。

8 应急处置措施。

9 计算书及相关施工图纸。

## 4.4 施工作业指导书

**4.4.1** 装配式桥墩工程应结合工程特点和实际情况编制施工作业指导书，并按照施工作业指导书组织施工。施工作业指导书编制应符合现行铁路建设的管理规定。

**4.4.2** 施工作业指导书应按照标准化管理要求，将先进成熟的工艺工法、科学合理的生产组织与建设标准、质量目标、安全环保要求以及现场施工条件相结合进行编制，做到图文并茂，简明易懂，可操作性强。

**4.4.3** 装配式桥墩工程施工作业指导书编制范围应包括：预制构件加工、构件存放、运输、安装、拼接缝施工及桥墩附属设施施工等，以及采用新技术、新工艺、新材料、新设备的施工作业。

**4.4.4** 施工作业指导书应包括下列主要内容：

1 适用范围。

2 作业准备。

3 技术要求。

4 施工程序与工艺流程。

5 施工方法。

6 劳动组织。

7 材料要求。

8 设备机具选择与配置。

9 质量控制及检验。

10 安全及环保要求。

**4.4.5** 按施工设计要求布设现场施工机具、钢筋场加工机具及钢筋胎模架，做到场内施工道路、水电、管道畅通，做好各种施工机械的维护保养工作，并对全体员工进行安全教育和质量管理培训。

**4.4.6** 对进场原材料进行抽样检验，检查材料出厂合格证，按设计和规范要求及时取样复试。

**4.4.7** 装配式桥墩工程施工应进行现场作业交底和人员培训，确保施工人员全面掌握施工作业指导书的内容和要求。

**4.4.8** 模板和混凝土施工应符合现行《铁路混凝土工程施工质量验收标准》（TB 10424）的有关规定及设计要求。

**4.4.9** 钢筋加工应在钢筋加工场（厂）集中下料生产，宜采用全自动数控钢筋弯曲下料机加工。成品钢筋应按照钢筋类别编号、分类存放。

**4.4.10** 墩身模板加工完毕应进行预拼装，达到设计要求时方可出厂。墩身模板进场应符合现行《铁路混凝土工程施工质量验收标准》（TB 10424）的有关规定，验收合格方能使用。

## 4.5 施工技术交底

**4.5.1** 装配式桥墩工程施工前，应按照现行有关标准和规定进行书面施工技术交底。

**4.5.2** 施工技术交底应分级进行，直至作业层。项目总工程师应对项目部职能部门、工地技术负责人和主要施工负责人进行交底，项目技术主管人员应对作业队技术负责人进行技术交底，作业队技术负责人应对班组长及全体作业人员进行技术交底。

**4.5.3** 在项目工程开工前，项目部总工程师应组织有关技术管理部门依据施工组织总设计、工程设计文件、施工合同等资料编制技术交底文件，应包括以下内容：

1 装配式桥墩的工程规模和施工范围。

2 装配式桥墩工程特点和设计意图。

3 装配式桥墩总体施工安排和施工顺序。

4 装配式桥墩预制施工工艺及质量安全卡控要点。

5 装配式桥墩运输、安装施工工艺和质量安全卡控要点。

6 质量目标和保证措施。

7 安全文明施工、职业健康、环境保护的主要目标和保证措施。

8 物资供应要求。

9 技术检验安排。

10 降低成本目标和主要措施。

11 装配式桥墩施工技术总结内容安排。

12 其他施工注意事项。

**4.5.4** 项目技术主管技术交底的主要内容应包括：

1 装配式桥墩施工范围及主要内容。

2 装配式桥墩各班组施工范围划分。

3 装配式桥墩的施工特点及设计意图。

4 装配式桥墩的施工进度要求和装配式桥墩预制场（厂）的施工配合计划。

5 施工质量目标和保证措施。

6 安全文明施工、环境保护规定和保证措施。

7 装配式桥墩预制构件的预制方案、运输方案、安装方案。

8 装配式桥墩降低成本目标和保证措施。

9 物资材料的质量要求、来源及供应计划。

10 技术检验安排。

11 技术记录内容及要求。

12 装配式桥墩施工阶段质量监督检查项目及其要求。

13 装配式桥墩施工技术总结内容安排。

14 装配式桥墩施工资料内容安排和质量要求。

15 其他施工注意事项。

**4.5.5** 作业队技术负责人技术交底的内容应包括：

1 装配式桥墩施工范围及主要内容。

2 装配式桥墩施工图纸解释说明。

3 装配式桥墩质量标准、特殊要求及保证质量的措施；检验、试验和质量检查验收评级依据。

4 装配式桥墩预制、运输、安装的施工步骤，操作方法和操作要领。

5 装配式桥墩施工质量问题预防措施及注意事项。

6 装配式桥墩施工安全技术措施及注意事项。

7 装配式桥墩施工紧急情况下的应急救援措施、紧急逃生措施。

8 装配式桥墩施工工期的要求和实现工期的措施。

9 各种施工记录、资料内容和要求。

10 其他施工注意事项。

**4.5.6** 施工技术交底应交到工班和作业人员，作业人员明确和掌握装配式桥墩预制构件的几何尺寸、施工工艺、质量标准、安全技术措施要求，明确施工材料、工艺、质量、安全、环保、进度要求及所采用施工规范、验收标准等，严格按照施工图、施工组织设计、作业指导书、施工及验收规范的有关技术规定施工。

**4.5.7** 装配式桥墩工程的测量放样技术交底，由项目部测量主管负责；交底资料应经技术部门负责人审核，测量人员在技术交底后进行施工放样。

**4.5.8** 施工技术交底形成书面记录，交底资料签字齐全，以便留存备查，接受交底人员与现场实际作业人员一致。

## 4.6 临时工程

**4.6.1** 装配式桥墩施工的临时工程主要包括便道、便桥、水电设施、码头、水上施工作业平台、混凝土拌和站、装配式桥墩预制场（厂）、装配式桥墩预制构件存放场、装配式桥墩预制构件运输线路及门式起重机走行线、砂石料场、桥墩装配施工的临时场地等。

**4.6.2** 装配式桥墩预制场（厂）在施工前，根据临时工程特点及装配式桥墩的施工工期，统筹规划、合理布局、安全适用的原则编制专项方案，经相关单位批准后方可进行施工。

**条文说明**

装配式桥墩预制场（厂）应根据实际情况审慎选择场（厂）址、建设规模，避免高投入低产出，以能长期使用或转型生产其他形式的装配式构件为宜。

**4.6.3** 装配式桥墩预制场（厂）、装配式桥墩预制构件存放场建设应符合下列规定：

1 装配式桥墩预制场（厂）、装配式桥墩预制构件存放场建设前应根据实施性施工组织设计编制相应施工方案，其规模应根据供应范围内装配式桥墩的种类、数量、供应时间、生产周期及以后的拆迁、场地恢复等因素综合考虑。

2 装配式桥墩预制场（厂）、装配式桥墩预制构件存放场选址宜有利于装配式桥墩构件预制、存放和运输，同时考虑交通状况、地形、地貌、水电供应、砂石料源、环保及防洪要求等情况，须经综合技术经济比较确定具体位置。

3 装配式桥墩预制场（厂）、装配式桥墩预制构件存放场宜与既有公路网连接，便道应满足机械设备、工程材料及装配式桥墩预制构件进出场运输需要。

4 装配式桥墩预制场（厂）、装配式桥墩预制构件存放场布置应满足生产流程和现场实际需要，合理布置场地，减少建设费用。

5 装配式桥墩预制构件存放场和存放台座地基和结构应具有足够的承载力，不应出现不均匀沉降，保证存放场地排水畅通、无积水。

6 装配式桥墩预制构件存放场设置完善的养护设施，养护用水池的容量应满足用量需求，存放区宜采用自动喷淋系统进行养护。

**4.6.4** 混凝土拌和站宜设置在装配式桥墩预制场（厂）内，其场地和装配式桥墩预制场（厂）同时规划、同时施工、同时验收。

**4.6.5** 装配式桥墩预制构件运输便道、便桥、码头施工应符合下列规定：

1 施工便道、便桥应优先利用既有道路、桥梁，必要时采取措施降低车辆轴重，满足桥梁道路的通行要求。运输过程中应及时对施工便道、便桥进行维修养护。

2 新建便道、便桥宜统一标准，较长的临时道路应设置会车道，在坡陡急弯处应设置交通警告标识。

3 修建便道、便桥应根据水文地质、现场条件、施工方案等经技术经济比选确定，可按永临结合的原则进行设计。

4 码头应建在水深能满足运输船只停泊、陆上交通便利的处所，平面布置应能满足临时存、装、卸及周转大（重）构件的要求。

**4.6.6** 装配式桥墩预制场（厂）、装配式桥墩预制构件存放场等临时工程应按照规定组织验收，验收合格后方可使用。

## 4.7 首件评估

**4.7.1** 装配式桥墩工程预制件的预制、安装应分别进行首件工程评估；预制件应满足桥墩装配工艺的要求。

**4.7.2** 建设单位负责首件评估，邀请相关方参加，各相关单位应履行有关管理规定的职责。

**4.7.3** 首件工程由施工单位结合工程实际需要选定并报建设单位批准。装配式桥墩预制构件首件评估不少于 2 个构件，装配式桥墩安装根据具体结构形式，每种形式不少于 1 个桥墩作为首件工程，装配式桥墩的首件工程应采用评估通过的预制构件进行装配。

**4.7.4** 首件工程实施与评估流程应符合下列规定：

1 施工单位负责编制首件工程专项作业指导书并留存相关影像资料，经监理单位审查通过报建设单位备案后实施。

2 首件工程施工完成后，由施工单位向建设单位提出评估申请报告，建设单位批准后方可实施。

**4.7.5** 首件工程评估内容应包括标准化管理、首件工程施工工艺、质量控制、安全措施、质量记录、各工序持续时间、资源配置、实体质量等内容评估。

**4.7.6** 首件工程评估通过后应进行工艺总结并进行标准化施工流程的制定。

# 5 材料要求

## 5.1 一般规定

**5.1.1** 铁路装配式桥墩生产及安装中使用的材料、构配件，符合设计文件及国家现行有关标准的规定。

**5.1.2** 原材料进场（厂）时，应按批次检查原材料质量证明文件、材料外观、规格（等级）、生产批次（日期）等，按照相关规定进行抽样检验。

## 5.2 混凝土

**5.2.1** 铁路装配式桥墩混凝土宜采用高性能混凝土，保证混凝土结构所要求的各项力学性能，具有高耐久性、高工作性和高体积稳定性，并满足相关要求。

**条文说明**

为推动混凝土技术进步，铁路装配式桥墩推荐使用高性能混凝土。高性能混凝土是指采用常规材料和生产工艺，能保证混凝土结构所要求的各项力学性能，并应具有高耐久性、高工作性和高体积稳定性的混凝土。高性能混凝土的配合比应根据原材料品质、设计强度等级、耐久性及施工工艺对工作性能的要求，通过计算、试配和调整等步骤确定。高性能混凝土应符合现行《铁路混凝土》（TB/T 3275）、《铁路混凝土结构耐久性设计规范》（TB 10005）的有关规定。

**5.2.2** 混凝土矿物掺合料性能指标应符合现行《铁路混凝土结构耐久性设计规范》（TB 10005）的有关规定，外加剂性能指标应符合现行《混凝土外加剂》（GB 8076）的有关规定，活性矿物掺合料技术条件应符合现行《高强高性能混凝土用矿物外加剂》（GB/T 18736）的有关规定。

**5.2.3** 水泥应采用品质稳定、强度等级不低于42.5级的硅酸盐或普通硅酸盐水泥，应符合现行《通用硅酸盐水泥》（GB 175）和《硅酸盐水泥熟料》（GB/T 21372）的有关规定。

**5.2.4** 混凝土拌和及养护用水应符合现行《铁路混凝土》（TB/T 3275）的有关规定。

## 5.3 钢筋

**5.3.1** 铁路装配式桥墩采用的普通钢筋和预应力筋应符合下列规定：

1 普通钢筋应符合现行《铁路桥涵混凝土结构设计规范》（TB 10092）的有关规定。

2 预应力钢丝应符合现行《预应力混凝土用钢丝》（GB/T 5223）的有关规定。

3 预应力钢绞线应符合现行《预应力混凝土用钢绞线》（GB/T 5224）的有关规定。

4 预应力螺纹钢筋应符合现行《预应力混凝土用螺纹钢筋》（GB/T 20065）的有关规定。

5 预应力钢棒应符合现行《预应力混凝土用钢棒》（GB/T 5223.3）的有关规定。

6 当采用其他种类的钢筋时，应以试验资料为依据。

**5.3.2** 钢筋应具有出厂质量证明书和试验报告单，进场时除应检查其外观和标志外，尚应分批抽取试件进行力学性能检验，检验合格后方可使用。

**5.3.3** 钢筋应平直、无损伤，表面无裂纹、油污、颗粒状或片状老锈。

**条文说明**

预制装配式技术对钢筋加工和安装精度提出更高要求，因此在钢筋下料前需保证钢筋平直、无损伤，表面无裂纹、油污、颗粒状或片状老锈。

**5.3.4** 预制构件的吊环可采用 HPB300 钢筋或钢绞线制作，并满足相关构造要求，不得使用冷加工钢筋。

## 5.4 高强无收缩水泥灌浆料

**5.4.1** 灌浆套筒或灌浆金属波纹管中使用的高强无收缩水泥灌浆料的性能及试验方法应符合现行《水泥基灌浆材料》（JC/T 9862018）和《钢筋连接用套筒灌浆料》（JG/T 408）的有关规定。

**5.4.2** 高强无收缩水泥灌浆料的性能应符合设计及相关规范的规定。

**条文说明**

常温型和低温型灌浆料的性能可参照表 5-1 和表 5-2 的规定。

**表 5-1 常温型灌浆料**

| 检测项目 | | 性能指标 |
|---|---|---|
| 流动性（mm） | 初始 | ≥300 |
| | 30min | ≥260 |

**表 5-1（续）**

| 检测项目 | | 性能指标 |
|---|---|---|
| 抗压强度（MPa） | 1d | ⩾ 35 |
| | 3d | ⩾ 60 |
| | 28d | ⩾ 85 |
| 竖向膨胀率（%） | 3h | 0.02～2 |
| | 24h 与 3h 差值 | 0.02～0.4 |
| 28d 自干燥收缩（%） | | ⩽ 0.045 |
| 氯离子含量（%） | | ⩽ 0.03 |
| 泌水率（%） | | 0 |

注：氯离子含量以灌浆料总量为基准。

**表 5-2　低温型灌浆料**

| 检测项目 | | 性能指标 |
|---|---|---|
| −5℃流动性（mm） | 初始 | ⩾ 300 |
| | 30min | ⩾ 260 |
| 8℃流动性（mm） | 初始 | ⩾ 300 |
| | 30min | ⩾ 260 |
| 抗压强度（MPa） | −1d | ⩾ 35 |
| 抗压强度（MPa） | −3d | ⩾ 60 |
| | −7d + 21d | ⩾ 85 |
| 竖向膨胀率（%） | 3h | 0.02～2 |
| | 24h 与 3h 差值 | 0.02～0.4 |
| 28d 自干燥收缩（%） | | ⩽ 0.045 |
| 氯离子含量（%） | | ⩽ 0.03 |
| 泌水率（%） | | 0 |

注：1. −1d 代表在负温养护 1d，−3d 代表在负温养护 3d，−7d + 21d 代表在负温养护 7d 转标准养护 21d。
2. 氯离子含量以灌浆料总量为基准。

常温型和低温型灌浆料根据结构物环境温度进行选取。施工及养护过程中 24h 内灌浆部位所处的环境温度不低于 5℃时，选用常温型灌浆料；施工及养护过程中 24h 内灌浆部位所处的环境温度为−5℃～10℃时，选用低温型灌浆料。当环境日最低温度小于−10℃时，不得灌浆作业；当环境日温度大于 15℃时，不得使用低温型灌浆料。

**5. 4. 3**　高强无收缩水泥灌浆料在干燥条件下未开封前，有效存放时间不得大于 3 个月，开封后立即使用，如有剩余应废弃处理。

## 5. 5　垫层砂浆

**5. 5. 1**　不同类型构件拼接缝间的垫层砂浆，采用高强无收缩砂浆，28d 抗压强度不小于 60MPa 且比被连接构件强度等级高一级，28d 竖向膨胀率应控制在 0.02%～0.10%，氯离子含量不应大于 0.03%。

**5.5.2** 垫层砂浆宜选用质地坚硬、级配良好的中砂，细度模数应不小于 2.6，含泥量应不大于 1%，且不应有泥块存在。

**5.5.3** 垫层砂浆初凝时间宜大于 2h。

**条文说明**

5.5.1～5.5.3 条考虑到预制构件的有效安装时间、安装精度及砂浆强度等级，应选择凝结时间较长的高强砂浆。

## 5.6 灌浆套筒

**5.6.1** 灌浆套筒应符合现行《钢筋连接用灌浆套筒》（JG/T 398）的规定。灌浆套筒灌浆端最小内径与连接钢筋公称直径的差值不宜小于表 5.6.1 规定的数值。

**表 5.6.1 灌浆套筒最小内径与被连接钢筋公称直径的差值**

| 连接钢筋公称直径（mm） | 12～35 | 28～40 |
|---|---|---|
| 灌浆套筒最小内径与被连接钢筋公称直径的差值（mm） | ≥10 | ≥15 |

**5.6.2** 铁路装配式桥墩宜采用整体式全灌浆套筒，灌浆套筒在储存和运输过程中应采取防护措施，防止雨淋、锈蚀、沾污和损伤。

**5.6.3** 灌浆套筒一端为预制安装端，一端为现场拼装端，中间应设钢筋限位挡板；套筒下端应设置压浆口，套筒上端应设置出浆口，压浆口下缘与端部净距应大于 20mm；套筒制作允许偏差为 2mm。

**条文说明**

两端钢筋伸入灌浆套筒长度根据设计文件或试验确定。

**5.6.4** 灌浆套筒与高强无收缩水泥灌浆料组合体系性能应符合现行《钢筋机械连接技术规程》（JGJ 107）的有关规定，且接头试件实测抗拉强度应不小于被连接钢筋的实际抗拉强度；应具有相应资质的第三方独立检验单位出具的检验报告。与灌浆套筒相关的附属配件应由同一厂商提供，包括止浆塞、压浆管、出浆管、定位销等。

**5.6.5** 灌浆套筒生产应符合产品设计要求。灌浆套筒尺寸应根据被连接钢筋牌号、直径及套筒原材料力学性能、设计抗拉承载力、屈服承载力确定。套筒灌浆连接接头性能应符合现行《钢筋套筒灌浆连接应用技术规程》（JGJ 355）（2023 年版）的有关规定。

**5.6.6** 灌浆套筒封闭环剪力槽宜符合表 5.6.6 的规定，其他非封闭环剪力槽结构形式的灌浆套筒应通过灌浆接头试验确定，且灌浆套筒结构的锚固性能不应低于同等灌浆接头封闭环剪力槽的作用。

**表 5.6.6　灌浆套筒封闭环剪力槽**

| 连接钢筋直径（mm） | 12～20 | 22～32 | 36～40 |
|---|---|---|---|
| 剪力槽数量（个） | ≥3 | ≥4 | ≥5 |
| 剪力槽两侧凸台轴向宽度（mm） | ≥2 | | |
| 剪力槽两侧凸台径向宽度（mm） | ≥2 | | |

## 5.7　金属波纹管

**5.7.1** 金属波纹管应符合现行《预应力混凝土用金属波纹管》（JG/T 225）的规定，全长不应小于 $24d_s$（$d_s$为钢筋直径），且不得拼接；内径不宜小于$d_s+40$mm，内径尺寸允许偏差为 0.50mm；对于内径不大于 10cm 的金属波纹管，其钢带厚度（壁厚）应不小于 0.45mm，金属波纹管肋高应不小于 3.1mm。

**5.7.2** 金属波纹管下端应设置压浆口连接压浆管，上端应设置出浆口连接的出浆管或直接由端部出浆；压浆口下缘与端部净距应大于 20mm。

**5.7.3** 金属波纹管在储存和运输过程中应有防止雨淋、锈蚀、沾污和损伤等防护措施。

## 5.8　波纹钢管

**5.8.1** 波纹钢管宜符合现行《钢筋锚固用灌浆波纹钢管》（T/CECS 10098）的规定。波纹钢管内钢筋有效伸入长度不应小于 $24d_s$，波纹钢管内径与被连接钢筋公称直径的差不应小于 35mm。

**5.8.2** 波纹钢管上下端设置灌（排）浆孔，两孔规格相同，可交换使用；灌（排）浆孔中心与端部净距应大于 50mm。

**5.8.3** 波纹钢管在储存和运输过程中应有防止雨淋、锈蚀、沾污和损伤等防护措施。

## 5.9　环氧胶黏剂

**5.9.1** 环氧胶黏剂要有较好的施工性能，易于涂刮而无流挂，具有良好的耐老化性能、耐强碱腐蚀性能。施工前应进行挤出性和化学稳定性测定，测试方法及环氧胶黏剂的各项技术标准除应符合现行《铁路预应力混凝土节段预制拼装简支梁暂行技术条件》（TJ/GW 162）的规定外，还应符合现行《混凝土结构加固设计规范》（GB 50367）、《工程结构加固材料安全性鉴定技术规范》（GB 50728）的有关规定。

**条文说明**

环氧胶黏剂主要技术指标可参照表 5-3 的规定。

**表 5-3　环氧胶黏剂主要技术指标**

<table>
<tr><th colspan="3">检验项目</th><th>性能指标</th></tr>
<tr><td rowspan="12">物理性能</td><td colspan="2">可施胶时间</td><td>≥ 30min</td></tr>
<tr><td colspan="2">可粘结时间</td><td>≥ 60min</td></tr>
<tr><td colspan="2">触变性</td><td>≤ 30/10min</td></tr>
<tr><td colspan="2">吸水率</td><td>≤ 0.5%</td></tr>
<tr><td colspan="2">水中溶解率</td><td>≤ 0.1%</td></tr>
<tr><td colspan="2">耐热性</td><td>≥ 50℃</td></tr>
<tr><td colspan="2">抗剪强度（MPa）</td><td>≥ 12</td></tr>
<tr><td colspan="2">抗压强度（MPa）</td><td>24h ≥ 60；7d ≥ 80</td></tr>
<tr><td colspan="2">抗拉、抗弯强度（MPa）</td><td>抗拉 ≥ 32，抗弯 ≥ 45</td></tr>
<tr><td colspan="2">与混凝土的正拉粘结强度（MPa）</td><td>≥ 3.0，且为混凝土内聚破坏</td></tr>
<tr><td colspan="2">抗剪弹性模量（MPa）</td><td>瞬间 ≥ 1500；1h 后 ≥ 1200；28d 后 ≥ 1000</td></tr>
<tr><td colspan="2">受压时弹性模量（MPa）</td><td>瞬间 ≥ 10000；1h 后 ≥ 6000</td></tr>
<tr><td rowspan="5">化学性能</td><td colspan="2">不挥发物含量（固体含量）（%）</td><td>≥ 99</td></tr>
<tr><td>耐湿耐老化性</td><td>50℃温度、95%相对湿度的环境条件下老化 90d 后，常温条件下</td><td>钢-钢强度降低率 ≤ 10%，强度降低率 ≤ 3%</td></tr>
<tr><td>耐碱性介质作用</td><td>$Ca(OH)_2$ 饱和溶液；试验温度（35 ± 2）℃；浸泡时间：A 级胶及Ⅱ、Ⅲ类胶 60d；B 级胶 45d；到期进行钢对混凝土正拉粘结强度试验</td><td>钢-钢正拉粘结强度不下降，且为混凝土破坏；不得有裂纹、剥离或起泡</td></tr>
<tr><td>耐酸性介质作用</td><td>5%$H_2SO_4$ 溶液；试验温度（35 ± 2）℃；浸泡时间：各类胶均为 30d；到期进行钢对混凝土正拉粘结强度试验</td><td>混凝土破坏，不得有裂纹或脱胶</td></tr>
<tr><td>耐盐雾性</td><td>5%氯化钠溶液、喷雾压力 0.08MPa、试验温度（35 ± 2）℃、每 0.5h 喷雾一次、每次 0.5h、作用持续时间 90d</td><td>钢-钢拉伸抗剪强度降低率 ≤ 5%，且不得有裂纹或脱胶</td></tr>
<tr><td>耐环境作用</td><td>耐冻融能力</td><td>在−25℃⇄35℃冻融循环温度下，每次循环 8h，经 50 次循环后，在室温下进行钢对钢拉伸抗剪试验</td><td>与室温下，短期试验结果相比，其抗剪强度降低率不大于 5%</td></tr>
</table>

表 5-3（续）

| 检验项目 | | | 性能指标 |
|---|---|---|---|
| 耐应力作用能力 | 耐长期应力作用能力 | 在（23 ± 2）℃、（50 ± 5）%RH 环境中承受 4.0MPa 剪应力持续作用 210d | 钢对钢拉伸抗剪试件不破坏，且蠕变的变形值小于 0.4mm |
| | 耐疲劳应力作用能力 | 在室温下，以频率为 5Hz、应力比为 5∶1.5、最大应力为 4.0MPa 的疲劳荷载下进行钢对钢拉伸抗剪试验 | 经 $2 \times 10^6$ 次等幅正弦波疲劳荷载作用后，试件不破坏 |

注：填充在承台与墩身拼接缝、墩身节段间拼接缝、墩身与墩帽拼接缝的胶黏剂采用环氧胶黏剂。拼接缝处应采取封堵措施，防止环氧胶黏剂进入预应力孔道。

**5.9.2** 环氧胶黏剂的技术条件应执行设计文件的规定，与设计不符需经设计方确认。

## 5.10 超高性能混凝土

**5.10.1** 超高性能混凝土为抗压强度高、握裹力大、流动性能好的混凝土，装配式桥墩湿接缝连接用超高性能混凝土材料采用 UTO8 C130 等级，超高性能混凝土材料性能指标宜符合现行《超高性能混凝土基本性能与试验方案》（T/CBMF 37）的规定。性能指标符合设计及相关规范的规定。

### 条文说明

超高性能混凝土技术性能指标可参照表 5-4 的规定。

表 5-4 超高性能混凝土技术性能指标

| 序号 | 材料性能（28d 标准养护） | 测试依据 | UT08 C130 |
|---|---|---|---|
| 1 | 抗压强度（MPa） | GB/T 31387<br>试件尺寸 100mm × 100mm × 100mm | ≥ 130 |
| 2 | 3d 抗压强度（MPa） | GB/T 31387 | ≥ 90 |
| 3 | 弹性段抗拉强度（MPa） | T/CBMF 37 | ≥ 8 |
| 4 | 抗拉强度（MPa） | DL/T.5193 | ≥ 11 |
| 5 | 极限抗拉强度（MPa） | T/CBMF 37 | ≥ 9 |
| 6 | 极限抗拉强度/弹性段抗拉强度 | T/CBMF 37 | ≥ 1.1 |
| 7 | 极限拉伸应变（%） | T/CBMF 37 | ≥ 0.2 |
| 8 | 弹性模量（GPa） | GB/T 31387 | 45～55 |
| 9 | 28d 收缩率 | GB/T 50082 | < 250 |
| 10 | 初始坍落扩展度（mm） | GB/T 50080 | ≥ 700 |
| 11 | 1h 坍落扩展度（mm） | GB/T 50080 | ≥ 650 |

注：根据《超高性能混凝土基本性能与试验方案》（T/CBMF 37）的要求，结合科研结论及已实施工程的经验对超高性能混凝土部分性能参数调整、补充。超高性能混凝土原材料应采用工厂封装成品，不得采用散装料现场配置。

**5.10.2** 超高性能混凝土粉料宜在仓库中单独储存，不得与其他材料混杂。现场不具备条件的，可将粉料存储于硬化后的场地上，并采取必要的防雨防潮措施。

## 5.11 预应力筋-锚具组装件

**5.11.1** 预应力筋-锚具组装件的主要技术指标应符合现行《预应力筋用锚具、夹具和连接器》（GB/T 14370）和《铁路工程预应力筋用夹片式锚具、夹具和连接器》（TB/T 3193）的有关规定。

**5.11.2** 铁路装配式桥墩预应力钢筋可采用预应力钢绞线、预应力钢丝、预应力精轧螺纹钢筋和预应力钢棒。

**5.11.3** 装配式桥墩中的无粘结或有粘结预应力筋-锚具组装件的锚固性能，应符合下列规定：

1 锚具的静载锚固性能应符合下式要求：

$$\eta_a \geqslant 0.95 \tag{5.11.3-1}$$

$$\varepsilon_{apu} \geqslant 2.0\% \tag{5.11.3-2}$$

式中：$\eta_a$——预应力筋-锚具组装件静载试验测得的锚具效率系数；

$\varepsilon_{apu}$——预应力筋-锚具组装件达到实测极限拉力时的总应变。

2 预应力筋-锚具组装件的抗震性能，确保预应力筋在锚具夹持区域不发生破断。

3 无粘结预应力筋耐久性应满足现行规范的要求。

4 用于低应力可更换型拉索的锚具，应有防松、可更换的构造措施。

**5.11.4** 新型预应力筋-锚具组装件应经过有资质检测单位试验检测，并出具相应的试验检测合格报告。

**5.11.5** 在预应力筋-夹具组装件达到实测极限拉力时，应为预应力筋断裂，不应产生夹具破坏；夹具的全部零件均应有重复使用的品质。夹具应有可靠的自锚性能、良好的松锚性能和重复使用性能。

**条文说明**

5.11.1～5.11.5 条装配式预应力混凝土双柱（空心）墩数值分析表明：墩身与承台界面、墩身与墩帽界面、墩身节段间界面不是抗震设计（设防烈度为 7 度）的控制界面；在运营荷载作用下，墩身与墩帽界面、墩身节段间界面、墩身与承台界面消压区域出现在墩身与承台界面之外。设计地震作用下（设防烈度为 7 度），墩身为弹性构件，预应力筋应力幅未超过 90MPa，小于应力幅限值；罕遇地震作用下（设防烈度为 7 度），墩身出现部分开裂，墩身与承台界面有轻微消压，钢绞线仍保持弹性，最大应力未超过 1200MPa，震后墩身与承台界面可以闭合，桥墩可恢复正常使用功能。现场足尺试验结果与数值分析结果相符。从数值分析及现场足尺试验结果判断，采用预应力筋连接可以提高桥墩的整体抗震性能及耐久性。以上结论为实际试验结果所得，当设防烈度超过 7 度时，应进行设计计算，并满足抗震设防要求。

# 6 构件预制

## 6.1 一般规定

**6.1.1** 构件生产前根据图纸及制作工艺编制专项方案，进行技术交底，明确预制过程中的质量标准和质量控制要点。装配式桥墩预制构件工艺流程可按图 6.1.1 执行。

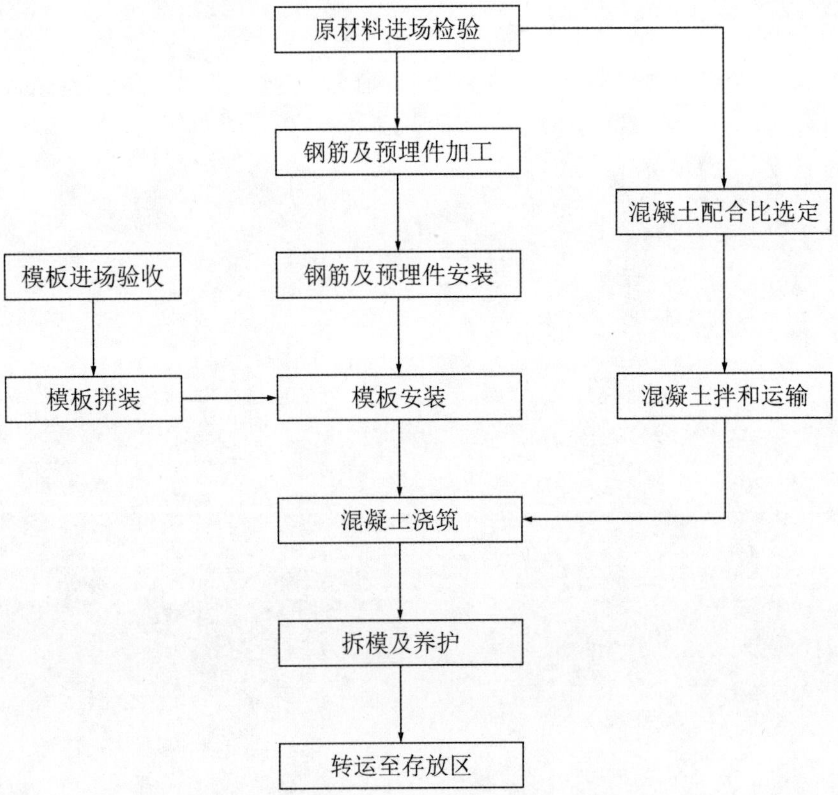


图 6.1.1 装配式桥墩预制构件工艺流程图

**6.1.2** 桥墩预制所用的钢筋骨架胎架、预制台座、模板、吊具、吊点等工装设备应根据具体预制工艺和精度要求进行专项设计。

**6.1.3** 桥墩钢筋骨架加工、波纹管安装定位、灌浆套筒定位、预埋件埋设等项目的精度控制按照本规程第 6.9 节的规定，验收合格后方可进行下道工序施工。

**6.1.4** 在浇筑混凝土前对模板及支撑体系进行检查验收。

**6.1.5** 冬期施工应符合现行《铁路混凝土工程施工技术规程》(Q/CR 9207)的规定。

**6.1.6** 预制所需的混凝土、钢材、预埋件、预应力筋等材料需满足现行规范和图纸要求，经检验合格后方可使用。

**6.1.7** 混凝土浇筑前的钢筋、预埋件、预留孔道(洞)检查验收应留存影像资料。

**6.1.8** 预制构件宜采用蒸汽养护系统进行养护。蒸汽养护工艺流程可按图6.1.8执行。

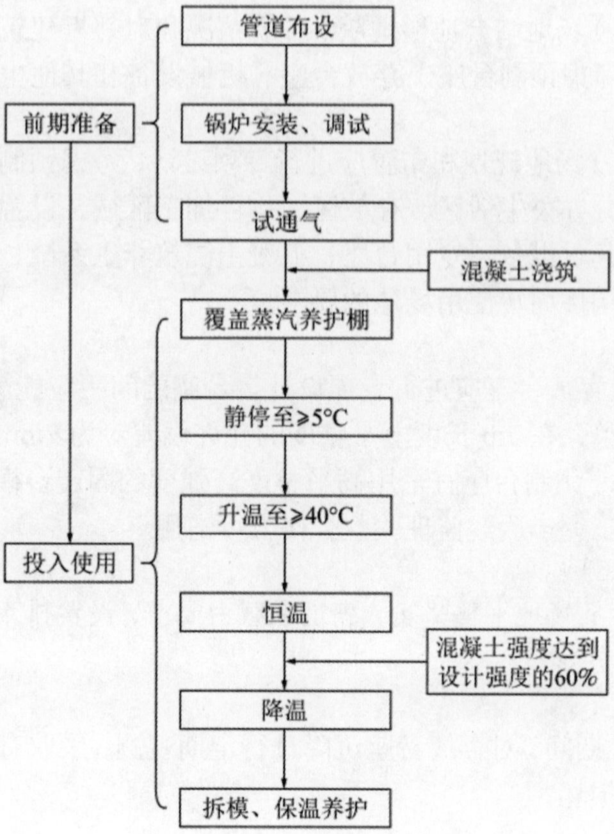


图6.1.8 蒸汽养护工艺流程图

**条文说明**

装配式预制构件场(厂)位于昼夜温差超过15℃的自然养护条件下，场(厂)制装配式桥墩预制构件的温度裂缝开展明显。采用蒸汽养护可有效将温差控制在小于或等于15℃以内，能够有效控制结构混凝土的温差裂缝。

**6.1.9** 墩身预制施工除满足本规程外，同时应符合现行《铁路混凝土工程施工技术规程》(Q/CR 9207)的规定。

**6.1.10** 预制构件除设计有专门的要求外可不做结构性试验，构件出场(厂)需提供产品合格证，产品合格证需经监理签字确认。

**6.1.11** 墩身和墩帽的吊点位置符合设计要求。

## 6.2 预制场（厂）场地

**6.2.1** 预制场（厂）场地选址应根据工程量、工程进度、合同工期、现场施工组织、生产任务量、构件存放周期、环境保护、水土保持等因素综合考虑。

**6.2.2** 预制场（厂）场地结合地形地貌、环境情况和对邻近建筑的影响等因素进行综合比选和确定，充分考虑预制台座、存放台座、机械设备和其他生产工具自重的影响。

**6.2.3** 预制场（厂）场地规划和布置应进行专项设计，考虑预制构件的预制工艺和运输吊装工艺，合理划分办公生活区、存放区、构件加工区域，设置钢筋加工车间、混凝土拌和系统、大吨位起重设备、专用台座、混凝土浇筑养生系统、运输道路、防排水设施等，并应满足预制构件周转使用场地的要求。

**6.2.4** 预制台座及存放台座应进行专项设计。台座的间距应能满足施工作业的要求。台座表面应光滑、平整，在2m长度上平整度的允许偏差应为2mm，保证底座或底模的挠度允许偏差为2mm。预制台座宜采用高平整度高强度的固定台模。台座施工前进行地基承载力的检测，施工完毕后经监理验收合格方可适用。

**6.2.5** 预制构件存放场地平整坚实，满足承载力要求，设置排水设施，应有相关支挡物防止构件倾覆、损伤。

**6.2.6** 雨季或冻融期间，对存放台座沉降进行定期观测，采取有效措施防止因台座不均匀沉降而造成构件损坏。

**6.2.7** 运输车辆进入场地的道路，应满足预制构件的运输要求，卸放、吊装工作区域内不应有障碍物。

## 6.3 模板

**6.3.1** 装配式桥墩预制构件模板应根据施工工艺的特点进行专项设计，宜优先选用钢模板。钢模板应具有足够的强度、刚度和稳定性，能承受浇筑混凝土的重力、侧压力及施工荷载，满足重复使用及构件结构尺寸和安装精度要求。

**条文说明**

装配式桥墩预制构件模板是决定构件能否达到质量要求的关键设备，除满足模板的基本要求外，还应满足装配式桥墩预制构件制作的精度和质量要求。

**6.3.2** 模板在出厂前应进行拼装验收，模板安装尺寸的允许偏差应符合国家现行相关标准的规定。

**6.3.3** 模板在运输、存放过程中应采取措施防止其变形、受损，存放模板的场地应坚实平整、无积水。

**6.3.4** 对构件的预埋件、预留孔、预留钢筋，应在模板相应位置制作固定支架。

**6.3.5** 模板和支撑拆除的顺序及安全措施按照施工技术方案执行。

**6.3.6** 模板工程施工除符合本规程外，同时应符合现行《铁路混凝土工程施工质量验收标准》（TB 10424）的有关规定。

**6.3.7** 模板吊装应缓慢、平稳进行；吊装过程应加强监测，保证拼装精度。

**6.3.8** 模板在安装前应进行除尘、除锈、涂油及拼缝的联结等环节，并检查各个环节是否满足设计要求，检查确认合格后，方能进行起吊。

**6.3.9** 固定在模板上的预埋件、预留孔均不得遗漏，定位准确、安装可靠牢固。

**6.3.10** 墩身内模支撑宜选择便于操作、易于拆装的全自动液压式顶升支撑。内壁设置纵横肋增加模板的刚度。

**6.3.11** 模板安装前，进行配套检验并出具检验合格证明，严控精度及尺寸。

**6.3.12** 隔离剂应具有良好的隔离效果，不得影响脱模后混凝土表面的观感质量。

**6.3.13** 模板安装位置应准确，各部位的连接应牢固可靠，螺栓连接中螺栓孔应定位准确，宜采用专用工具进行定位，不宜采用体内对拉螺杆。接缝处用拼缝粘结剂密封处理，拼缝处不得出现漏浆现象。

**6.3.14** 混凝土浇筑前，模板在预制台座应精准定位。宜采用定位螺栓连接确保模板稳定。安装顺序为：先内模、后外模，宜采用门式起重机进行安装。

**6.3.15** 模板维护过程中，及时处理表面浆体并涂刷防锈剂，放置模板的地面应平整、清洁干燥、无支挡物。模板应按要求码放，不得随意堆放模板。

**6.3.16** 对成套模板进行成套检查、维护；螺栓孔尺寸、螺母磨损、拼缝严实度等进行详细检查，不满足施工精度要求的模板应及时更换。

## 6.4 钢筋及预埋件

**6.4.1** 钢筋宜采用自动化机械设备进行加工与制作，并应符合现行《铁路混凝土工程施工质量验收标准》（TB 10424）的有关规定。

**6.4.2** 钢筋接头的方式、位置、钢筋的搭接长度及锚固长度等应符合现行《铁路混凝土工程施工质量验收标准》（TB 10424）的有关规定。

**6.4.3** 普通钢筋宜整体绑扎，当普通钢筋与预应力筋干扰时，可适当移动普通钢筋但不得任意截断。

**6.4.4** 钢筋骨架绑扎宜采用胎架进行绑扎，吊运宜采用防止变形的专用吊架。

**6.4.5** 混凝土保护层厚度应满足设计要求，保护层垫块应采用混凝土垫块，垫块与钢筋骨架绑扎牢固，间距和数量应满足设计和规范要求，钢筋绑扎丝甩扣应弯向构件内侧。垫块的混凝土强度等级不低于构件的混凝土设计强度，不得采用其他材质的垫块。

**6.4.6** 施工过程中不得踩踏预埋预应力筋管道，防止管道变形；安装管道时，设置定位钢筋，确保预应力筋管道定位准确。

**6.4.7** 桥墩预制完成后，在预应力筋管道对应外壁处设醒目标识，便于安装时准确定位。

**6.4.8** 装配式桥墩预制构件预制时应确保接触网支柱、围栏、吊篮、检查梯、防落梁等附属设施预埋件定位准确。

**6.4.9** 预埋螺栓及预埋钢构件外露部分防腐应按设计要求施工。

**6.4.10** 预埋件应固定在模板或支架上，预留孔洞应采用孔洞模具加以固定，在混凝土浇筑、振捣过程中不发生位移，确保预埋件固定位置准确。

**6.4.11** 预埋件采用与钢筋焊接方式固定时，不得损伤钢筋，且不得与预应力筋焊接。

**6.4.12** 型钢预埋件宜加焊钢筋与钢筋骨架绑扎牢固。

**6.4.13** 吊环埋入深度不应小于 35$d$（$d$为钢筋直径），并焊接或绑扎在钢筋骨架上。

## 6.5 墩身

**6.5.1** 装配式桥墩墩身混凝土浇筑前应对钢筋、模板、预埋件、预留孔位置等内容进行检查验收。

**条文说明**

装配式桥墩墩身即预制拼装及连接构造形成的混凝土桥墩中立柱部分。

**6.5.2** 装配式桥墩墩身宜采用立式浇筑工艺，一次性浇筑完成。也可采用离心法施工工艺。

**条文说明**

装配式桥墩直径大，目前国内只有少量的公司具备超大尺寸离心成型混凝土构件制造成套技术。采用立式浇筑工艺，墩身混凝土除应满足混凝土的基本质量要求，并满足装配式桥墩拼装精度和质量的要求。宜采用预制墩身底面（钢制底模相接面）作为墩身拼装接触面，如用预制顶面作为拼装接触面，需进行打磨处理，经验收合格后方可使用。

**6.5.3** 混凝土浇筑宜采用混凝土布料机进行浇筑，下料导管出料口距混凝土浇筑面的高度不宜超过 1m。

**6.5.4** 混凝土分层厚度不宜大于 300mm，浇筑时宜先浇筑灌浆套筒、金属波纹管或波纹钢管范围内的混凝土。

**条文说明**

灌浆套筒、金属波纹管或波纹钢管安装精度要求高，浇筑混凝土时易发生因振捣造成灌浆套筒、金属波纹管或波纹钢管偏位现象；金属波纹管或波纹钢管管壁较薄，浇筑混凝土容易击穿管壁，因此宜根据混凝土浇筑的高度和顺序先行浇筑。

**6.5.5** 混凝土振捣应制定振捣成型操作方法，固定人员、固定工艺。混凝土振捣过程中不宜碰触钢筋骨架、预埋件、连接套筒和金属波纹管。

**6.5.6** 拆模时混凝土强度符合设计要求。当设计无具体规定时，强度达到设计强度的75%以上，混凝土芯部与墩外表面层及环境温差均不宜大于 15℃，气温急剧变化时不宜拆模。

**6.5.7** 采用干结法预制桥墩的拼接面在预制完成后及时处理并清洗干净，拼接面的高程允许偏差±2mm，水平度允许偏差1mm/m。

**条文说明**

干结法指预制混凝土构件采用专用黏合剂粘结接缝的施工方法。对拼接面的平整度要求高，直接影响墩身的装配质量，应避免因平整度不满足要求造成装配施工时发生应力集中现象导致墩身混凝土开裂。

**6.5.8** 采用湿接法连接的预制桥墩拼接面进行凿毛处理并清洗干净。

**条文说明**

湿接法指预制混凝土构件分节段预制，吊装拼接完成后在拼接面（缝）处填塞现浇混凝土形成整体的一种施工方法。

**6.5.9** 脱模顺序宜为：先脱内模，后脱外模。脱模时内模应垂直、平稳进行；外模应水平、缓慢进行，在整个过程中不得损伤混凝土表面。

## 6.6 墩帽

**6.6.1** 装配式桥墩墩帽预制前应对钢筋、模板、预埋件、预留孔位置等内容进行检查验收。

**6.6.2** 墩帽混凝土施工时，应按照设计要求设置连接钢筋、预埋接地端子。

**6.6.3** 墩帽混凝土施工符合本规程6.5.3～6.5.9条的规定。

## 6.7 养护

**6.7.1** 混凝土构件在养护期间，混凝土强度未达到设计强度的75%之前不得使其承受运输工具、模板、支架等外部荷载。

**6.7.2** 预制构件浇筑完毕后及时采取有效的养护措施，根据预制构件特点、当地的气候条件和生产任务量选择适宜的养护方式。养护方式可采用蒸汽养护、自然养护或加养护剂养护。

**6.7.3** 预制构件养护可采用水养、覆膜养护和涂刷养护剂等一种或几种相结合的方式。

**6.7.4** 采用自然养护时，混凝土的保湿养护时间不应小于14d，相对湿度低于40%的地区混凝土保湿养护时间不应小于 28d。宜采用智能自动喷淋养护系统对混凝土构件进行养护。

**6.7.5** 加热养护宜选择蒸汽养护，蒸汽养护期间混凝土静停环境温度应不低于 5℃，静停时间宜为 4～6h，混凝土周围升、降温速度不宜大于 10℃/h，蒸汽养护结束后，要立即进行洒水养护，养护时间不得少于 7d。

**条文说明**

预制构件蒸汽养护应严格控制升降温速率及最高温度，采用薄膜覆盖或加湿等措施防止预制构件表面干燥。混凝土的芯部温度不宜超过 60℃，最高温度不宜超过 65℃，恒温养护时间应根据拆模强度的要求、混凝土配合比和环境等通过试验确定。

**6.7.6** 洒水养护的养护用水不得使用未经处理的回收水；预制构件表面进行覆盖，洒水养护次数以能保持预制构件表面处于润湿状态为宜。

**6.7.7** 当不具备水养、洒水养护条件或当日平均气温低于 5℃时，可采用涂刷养护剂方式进行养护；养护剂不得影响预制构件与现浇混凝土面或预制构件连接接触面的结合强度。

## 6.8 场内移运及存放

**6.8.1** 预制构件拆模养护至混凝土强度达到设计要求时，通过试吊装后方可吊至存放区。

**6.8.2** 预制构件的提升应缓慢、匀速，提升速度宜限制在 2m/min 内，每次起吊前应检查吊具、吊点、起重机，情况正常后方可继续起吊。

**6.8.3** 预制节段存放、运输过程中，采用可靠的措施对构件进行保护，防止混凝土局部破坏。

**6.8.4** 存放和移运预制构件时应按照预制构件受力状态和形状选择不同的放置方式，并编制存放和移运专项方案。

**6.8.5** 预制构件应按照吊运方式、安装顺序、使用计划来规划存放区，存放区应有车辆运输的通道。

**6.8.6** 预制墩身节段存放符合设计要求，考虑必要的支护措施，并设置限位装置防止倾覆。

**6.8.7** 预制构件存放宜按照种类、出场（厂）先后顺序分区域、分位置标明。

**6.8.8** 运输吊装应符合现行《铁路预应力混凝土节段预制拼装简支梁暂行技术条件》（TJ/GW 162）的规定。

## 6.9 检查与验收

### I 主控项目

**6.9.1** 模板的材料质量及结构应符合施工设计要求。

检查数量：全部检查。

检验方法：现场观察，查阅资料。

**6.9.2** 模板制作允许偏差和检验方法应符合表 6.9.2 的规定要求。

**表 6.9.2 模板验收允许偏差**

<table>
<tr><th colspan="3" rowspan="2">项目</th><th rowspan="2">允许偏差范围（mm）</th><th colspan="2">检验频率</th><th rowspan="2">检验方法</th></tr>
<tr><th>范围</th><th>点数</th></tr>
<tr><td rowspan="8">钢模板</td><td colspan="2">模板的长度和宽度（直径）</td><td>0，−1</td><td rowspan="8">单块模板</td><td>4</td><td rowspan="2">尺量</td></tr>
<tr><td colspan="2">肋高</td><td>±5</td><td>2</td></tr>
<tr><td colspan="2">面板端偏斜</td><td>0.5</td><td>2</td><td>用水平尺量</td></tr>
<tr><td rowspan="3">连接配件（螺栓、卡子等）的孔眼位置</td><td>孔中心与板面的间距</td><td>±0.3</td><td rowspan="4">4</td><td rowspan="3">游标卡尺量</td></tr>
<tr><td>板端孔中心与板端的间距</td><td>0，−0.5</td></tr>
<tr><td>沿板长宽方向的孔</td><td>±0.6</td></tr>
<tr><td colspan="2">板面局部平整度</td><td>1.0</td><td>用 2m 直尺和塞尺量</td></tr>
<tr><td colspan="2">板面和板侧挠度</td><td>±1.0</td><td>1</td><td>用水平尺和拉线量</td></tr>
</table>

检验数量：全部检查。

检验方法：测量。

**6.9.3** 模板及支架安装应符合施工设计要求。安装牢固可靠，模板接缝应严密，不得漏浆。模板与混凝土的接触面应清理干净并涂刷脱模剂。浇筑混凝土前，模板内的积水和杂物应清除干净。

检查数量：全部检查。

检验方法：观察，查阅资料。

**6.9.4** 进场的钢筋（预应力筋）应按现行《铁路混凝土工程施工质量验收标准》（TB

10424）的有关规定进行检查验收。

检查数量：全部检查。

检验方法：质量证明文件。

**6.9.5** 灌浆金属波纹管、波纹钢管或灌浆套筒进场（厂）时，应抽取检验外观质量、标识和尺寸偏差。

检查数量：同一批号、同一类型、同一规格的灌浆金属波纹管、波纹钢管或灌浆套筒，不超过 1000 个为一批，每批随机抽取 10 个。

检验方法：观察和尺量，查阅资料。

**6.9.6** 预制构件采用灌浆套筒连接时，应符合现行《钢筋连接用灌浆套筒》（JG/T 398）、《钢筋套筒灌浆连接应用技术规程》（JGJ 355）（2023 年版）的规定进行检验，并在构件生产前进行灌浆套筒连接接头的抗拉强度试验。

检查数量：同一批号、同种类型、同一规格的灌浆套筒，不超过 1000 个为一批，每批随机抽取 3 个制作对中锚固试件或连接接头试件。

检验方法：检查试验报告单、质量证明文件。

**6.9.7** 预制构件采用灌浆金属波纹管或波纹钢管连接时，对灌浆金属波纹管或波纹钢管进行锚固接头工艺检验。

检查数量：同一批号、同种类型、同一规格的灌浆金属波纹管或波纹钢管，不超过 1000 个为一批，每批随机抽取 3 个对中锚固试件。

检验方法：检查试验报告单、质量证明文件。

**6.9.8** 预制构件的钢筋、灌浆套筒、灌浆金属波纹管、波纹钢管的数量和安装精度应满足设计文件和桥墩拼装的精度要求。

检查数量：全数检查。

检查方法：观察、尺量。

**6.9.9** 预制构件中预留孔洞、预埋件、预埋管线的规格、数量及位置满足设计文件和桥墩装配施工的精度要求。

检查数量：全数检查。

检查方法：观察、尺量。

**6.9.10** 混凝土预制构件的强度、钢筋保护层厚度、几何尺寸等应按现行《铁路混凝土工程施工质量验收标准》（TB 10424）的有关规定检查验收。

检查数量：按照设计要求。若设计无要求时，全数检查。

检验方法：拌合物出场质量验收记录、强度试验报告、钢筋扫描、尺量。

**6.9.11** 混凝土预制构件的外观质量不应有缺陷，且不得存在影响结构性能和安装、使用功能的尺寸偏差。

检查数量：全数检查。

检验方法：观察、尺量检查质量证明文件。

## II 一般项目

**6.9.12** 模板安装允许偏差和检验方法应符合表 6.9.12 的规定。

**表 6.9.12 模板安装允许偏差和检验方法**

<table>
<tr><th colspan="3" rowspan="2">项目</th><th rowspan="2">允许偏差（mm）</th><th colspan="2">检验频率</th><th rowspan="2">检验方法</th></tr>
<tr><th>范围</th><th>点数</th></tr>
<tr><td rowspan="4">模板安装</td><td colspan="2">表面平整度</td><td>5</td><td rowspan="4">每个构件</td><td>4</td><td>用 2m 靠尺和塞尺量</td></tr>
<tr><td colspan="2">模板的侧向弯曲</td><td>$H$/1000，且小于 15</td><td>2</td><td>拉线尺量</td></tr>
<tr><td colspan="2">两模板内侧宽度</td><td>+5，−2</td><td>3</td><td>尺量</td></tr>
<tr><td colspan="2">相邻两模板表面高低差</td><td>2</td><td>4</td><td>用钢板尺 + 塞尺量</td></tr>
<tr><td rowspan="5">预埋件</td><td rowspan="2">锚垫板</td><td>中心位置</td><td>2</td><td rowspan="5">每个预埋件</td><td rowspan="5">1</td><td>尺量</td></tr>
<tr><td>平面高程</td><td>±2</td><td>用水准仪量</td></tr>
<tr><td rowspan="3">其他</td><td>中心位置</td><td>3</td><td rowspan="3">尺量</td></tr>
<tr><td rowspan="2">外露长度</td><td>+10</td></tr>
<tr><td>0</td></tr>
<tr><td rowspan="3">预留孔洞</td><td colspan="2">预应力筋孔道位置</td><td>2</td><td rowspan="3">每个预留孔洞</td><td>1</td><td rowspan="3">尺量</td></tr>
<tr><td rowspan="2">其他</td><td>中心位置</td><td>10</td><td>1</td></tr>
<tr><td>尺寸</td><td>+10，0</td><td>1</td></tr>
<tr><td rowspan="2">吊环</td><td colspan="2">中心线位置偏移</td><td>10</td><td rowspan="2">每个吊环</td><td>1</td><td rowspan="2">尺量</td></tr>
<tr><td colspan="2">留出高度</td><td>0，−10</td><td>1</td></tr>
</table>

注：$H$为墩身高。

检验数量：全部检查。

检验方法：测量、外观查看。

**6.9.13** 钢筋加工允许偏差应符合表 6.9.13 的规定要求。

**表 6.9.13 钢筋加工允许偏差**

| 序号 | 项目 | 允许偏差（mm） | 检验方法 |
|---|---|---|---|
| 1 | 受力钢筋全长 | ±10 | 尺量 |
| 2 | 弯起钢筋的弯折位置 | ±10 | |
| 3 | 箍筋内净尺寸 | ±3 | 尺量 |

检查数量：全部检查。

检验方法：观察和测量，查阅资料。

**6.9.14** 钢筋安装及钢筋保护层厚度允许偏差和检验方法应符合表 6.9.14 的规定。

**表 6.9.14 钢筋安装及钢筋保护层厚度允许偏差和检验方法**

| 序号 | 项目 | | 规定值或允许偏差（mm） | 检验方法 |
|---|---|---|---|---|
| 1 | 受力钢筋排距 | | ±5 | 尺量两端，中间各 1 处 |
| 2 | 同一排受力钢筋间距 | | ±10 | |
| 3 | 分布钢筋间距 | | ±20 | 尺量连续 3 处 |
| 4 | 箍筋间距 | | ±10 | |
| 5 | 弯起点位置 | | 30（含加工偏差 20） | 尺量 |
| 6 | 钢筋连接 | 焊缝尺寸 | ≥规定值 | 尺量 |
| | | 机械连接扭矩 | | 用扭力扳手校核 |
| 7 | 钢筋保护层厚度 | | +10<br>0 | 尺量两端、中间各 2 处 |

检验数量：全部检查。

**6.9.15** 混凝土预制构件的外观质量不宜有一般缺陷。对已经出现的一般缺陷，按技术处理方案进行处理，并重新检查验收。

检查数量：全数检查。

检验方法：观察、检查技术处理方案。

**6.9.16** 混凝土预制构件的尺寸偏差及检验方法符合表 6.9.16 的要求。

检查数量：全数检查。

检查方法：钢尺、靠尺、塞尺、垂球检查。

**表 6.9.16 混凝土预制构件的尺寸偏差及检验办法**

| 项目 | | 允许偏差（mm） | 检验频率 | | 检验方法 |
|---|---|---|---|---|---|
| | | | 范围 | 点数 | |
| 墩身 | 长度、宽度 | ±5 | 每个构件 | 4 | 用钢尺量，长度、宽度各 2 点 |
| | 高度 | 0，−5 | 每个构件 | 2 | 用钢尺量，前后、左右侧各 1 点 |
| 墩帽 | 长 | ±5 | 每个构件 | 2 | 用钢尺量，两侧各 1 点 |
| | 宽 | +5，0 | 每个构件 | 3 | 用钢尺量，两端及中间各 1 点 |
| | 高 | 0，−5 | 每个构件 | 3 | 用钢尺量，两端及中间各 1 点 |
| 表面平整度 | 墩身 | 3 | 每个构件 | 2 | 2m 靠尺和塞尺量 |
| | 墩帽 | | | | |

**表 6.9.16（续）**

| 项目 | | 允许偏差（mm） | 检验频率 | | 检验方法 |
|---|---|---|---|---|---|
| | | | 范围 | 点数 | |
| 拼接面平整度 | 墩身 | 2 | 每个构件 | 4 | 2m 靠尺和塞尺量 |
| | 墩帽 | | | | |
| 侧向弯曲 | 墩身 | $H$/750 | 每个构件 | 1 | 沿构件全长（全高）拉线，用钢尺量 |
| | 墩帽 | $L$/750 | | | |
| 灌浆金属波纹管、波纹钢管和灌浆套筒 | 中心线位置 | 2 | 每个预埋件 | 1 | 尺量 |
| 预留孔 | 中心线位置 | 2 | 每个构件 | 4 | 尺量 |
| | 孔尺寸 | ±5 | | | |
| 预留插筋 | 中心线位置 | 2 | 每个构件 | 4 | 尺量 |
| | 外漏长度 | ±5 | | | |
| 键槽 | 中心线位置 | 2 | 每个构件 | 4 | 尺量 |
| | 长度、宽度、深度 | ±5 | | | |
| 支撑垫石 | 中心线位置 | 5 | 每个垫石 | 2 | 尺量 |
| | 高度 | 0～10 | | | |

注：$H$、$L$分别是单个构件的最大高度、长度。

# 7 构件运输

## 7.1 一般规定

**7.1.1** 构件运输吊装应符合现行《铁路预应力混凝土节段预制拼装简支梁暂行技术条件》(TJ/GW 162)的有关规定。

**7.1.2** 构件的运输和吊装应编制专项施工方案,方案应符合现行《起重机械安全规程》(GB 6067)和《建筑机械使用安全技术规程》(JGJ 33)的有关规定,并制定应急预案。

**7.1.3** 构件运输根据构件大小、重量、尺寸、运输车辆和起吊设备的类型,检查、整修沿线道路、桥梁或便道,满足预制构件的运输要求。

**7.1.4** 起吊点符合设计要求。预制构件吊装及拼装时,吊机作业范围内不得站人。

**7.1.5** 构件存放区需配备翻转装置或设置沙坑,用于预制构件翻转装车。

**7.1.6** 根据预制构件的最大重量、运输距离及运输线路情况,选择适合的平板运输车。

**7.1.7** 装配式墩身宜采用两端搁置状态进行运输,搁置点间距根据构件受力计算确定。

**条文说明**

搁置点(支撑点)指约束墩身或墩帽使之不发生偏移的支撑物与其的接触点。

**7.1.8** 预制构件出场(厂)前,由施工单位根据设计文件对每个预制构件进行编号,设置起吊方向标示,便于现场存放、检查、验收及吊装顺序的控制,监理单位应对预制构件的编号及起吊方向进行复核。

**7.1.9** 预制构件具备产品质量合格证明材料后方可出场(厂)。

## 7.2 运输

**7.2.1** 墩身翻转装车宜采用翻转装置或在沙坑内翻转,采用沙坑翻转时,墩身顶部设置吊点，底部落在沙坑内。宜采用尼龙吊带进行墩身卧放状态下的起吊。

**条文说明**

采用沙坑翻转装车流程：墩身竖向起吊至沙坑上方→墩身下放至沙坑斜坡面→在起重机的配合下翻转墩身→翻转墩身使其平卧在沙坑内。沙坑内预设墩身兜底尼龙吊带→采用尼龙吊带捆吊的方式将墩身吊离沙坑→墩身装车，墩身两端设置枕木或橡胶垫块搁置点→墩身两端采用尼龙吊带捆紧。

**7.2.2** 根据构件大小、重量选择合理的吊装设备及运输车辆，运输前实地勘察、优选运输路线，运输条件符合相关规定。

**7.2.3** 构件运输前宜由空车在运输路线上试运行，以确保运输条件可行。

**7.2.4** 预制构件应水平放置，不可猛烈碰撞、倾斜，吊点设置牢固可靠，并做好安全防护措施。

**7.2.5** 在运输车通过的界限内，不得有任何障碍物。

**7.2.6** 运输车装载预制构件时，沿预制构件纵向设支撑点，支撑点位置根据预制构件受力计算确定；支撑设备牢固可靠，不得与运输车和预制构件产生滑移。

**7.2.7** 运输车辆固定支撑点处设弹性材料垫块保护预制构件，不得使预制构件产生过大的局部应力，造成混凝土局部破损。

**7.2.8** 预制构件运输宜选用低平板车，并采用专用托架将预制构件绑扎牢固。运输保护及固定方案应进行专项设计，报送相关单位审批后方可运输。

**7.2.9** 根据现场工况条件，明确预制构件吊装顺序、进场（厂）方向和出场（厂）装车的方向。预制构件装载前，应复查预制构件运输顺序、装车方向、支承点位置、固定措施、预埋件和外露钢筋保护措施。

**7.2.10** 预制构件运输过程中保证支撑可靠，吊环向上，标示向外。

**7.2.11** 运输车在起步和运行过程中应缓慢，平稳前进，不得突然加速或紧急制动。

**7.2.12** 在装卸和运输过程中，宜采用尼龙吊带捆吊，采用刚性设备捆吊时，预制构件与刚性物件之间需放置弹性材料垫块，防止损伤构件表面，并采取有效措施防止预制构件变形。

**7.2.13** 定期对车辆进行性能检查，发现故障车辆及时报备并采取有效措施处理。

## 7.3 进场验收及存放

**7.3.1** 预制构件进入现场时，由施工单位检查预制构件出场（厂）质量合格证明文件，监理单位对预制构件出场（厂）质量合格证明文件进行复核。

**7.3.2** 预制构件进入现场时，施工单位应对预制构件的外观质量、结构性能、预留预埋孔道质量等指标进行检验，经监理单位复核、确认合格后方可进入现场施工。

**7.3.3** 预制构件进场（厂）前应制定运输、进场（厂）计划与现场存放方案。

**7.3.4** 预制构件按照施工工艺、工序合理安排进场顺序，预制构件运输至现场宜及时进行安装作业。

**7.3.5** 预制构件现场存放时，宜选择水平放置。卸放时应平稳、缓慢进行，不得突然加减速造成预制构件损伤。按照预制构件的规格、品种、使用部位、吊装顺序分别设置存放场地，存放场地设置在起重机有效起吊范围内，并设置通道。

**7.3.6** 预制构件存放宜采用木块、橡胶板等弹性材料支撑，预制构件支撑位置符合设计要求，有必要的防护措施。

# 8　构件安装

## 8.1　一般规定

**8.1.1**　预制构件安装前，施工单位根据实际情况制定专项技术方案、质量和安全保障措施。预制构件安装工艺流程可按图 8.1.1 执行。

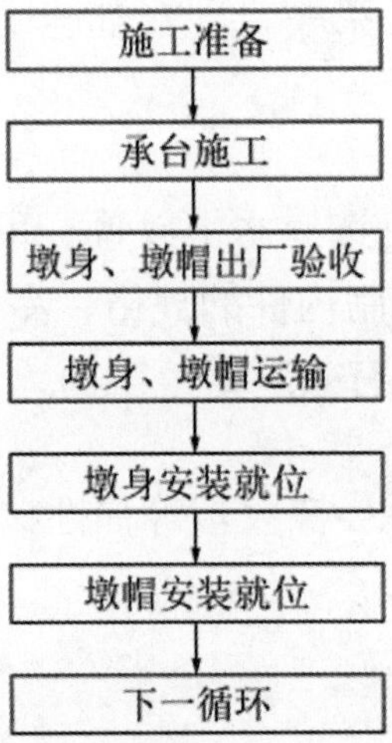


图 8.1.1　预制构件安装工艺流程图

**8.1.2**　承台混凝土强度、连接部位的尺寸、精度满足设计文件要求后方可进行墩身安装。

**8.1.3**　预制构件安装前在复测原控制网的基础上，根据施工需要适当加密、优化，建立满足安装精度要求的施工测量控制网。

**8.1.4**　预制构件安装前，根据施工测量控制网进行测量定位，设置预制构件安装定位标示，复核预制构件位置、节点连接构造及临时支撑方案。现场环境、天气、道路等状况满足吊装要求。

**8.1.5**　预制构件安装前，对安装方案中的材料、设备、机具、人员到场情况、吊装区域地基承载力进行严格检查。

**8.1.6**　预制构件安装前，宜选择有代表性的单元进行构件试安装并进行首件评估，首件评估符合本规程第 4.7 节的规定。

**8.1.7** 墩身吊装定位过程中，根据测量控制网对墩身的空间位置进行调整定位，在定位时墩身两侧应设置辅助支撑系统，支撑系统具有足够的刚度及强度，确保墩身定位施工过程中不发生倾覆。

**8.1.8** 冬季、雨季和风季的装配式桥墩施工，根据不同的气候特点制订相关施工技术方案，保证工程质量和施工安全。

**8.1.9** 灌浆所用高强无收缩水泥灌浆料强度和垫层砂浆强度均符合设计要求，在养护期间，避免对预制构件产生振动或碰撞，保证预制构件与相连构件可靠连接。灌浆工艺流程可按图8.1.9执行。

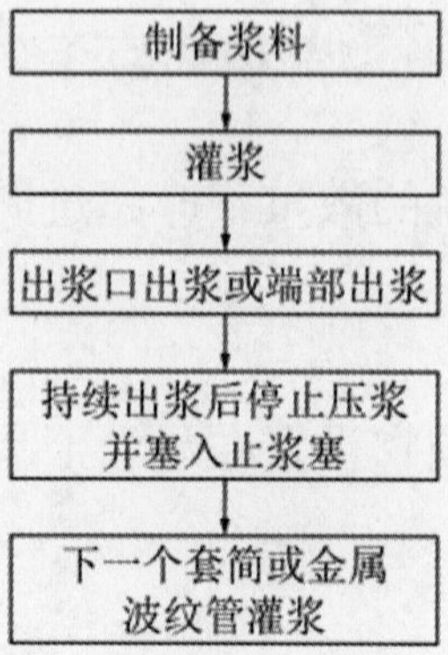


图8.1.9　灌浆工艺流程图

**8.1.10** 预制构件安装前对已经完成的预制构件和相关配件的型号、规格、几何尺寸及数量进行核对。

**8.1.11** 装配完成的桥墩表面平整、色泽均匀、棱角分明、线条直顺、轮廓清晰。

**8.1.12** 连接形式示意图参见附录A。

## 8.2 预应力连接

**8.2.1** 预应力连接施工应符合现行《铁路工程预应力筋用夹片式锚具、夹具和连接器》（TB/T 3193）、《铁路桥涵混凝土结构设计规范》（TB 10092）的有关规定，应符合现行《铁路混凝土工程施工技术规程》（Q/CR 9207）的规定。预应力连接施工工艺流程可按图8.2.1执行。

**条文说明**

预应力钢筋固定端锚具置于承台锚槽内，锚具定位后，宜采用自密实混凝土进行锚固。然后进行桥墩的装配、连接。

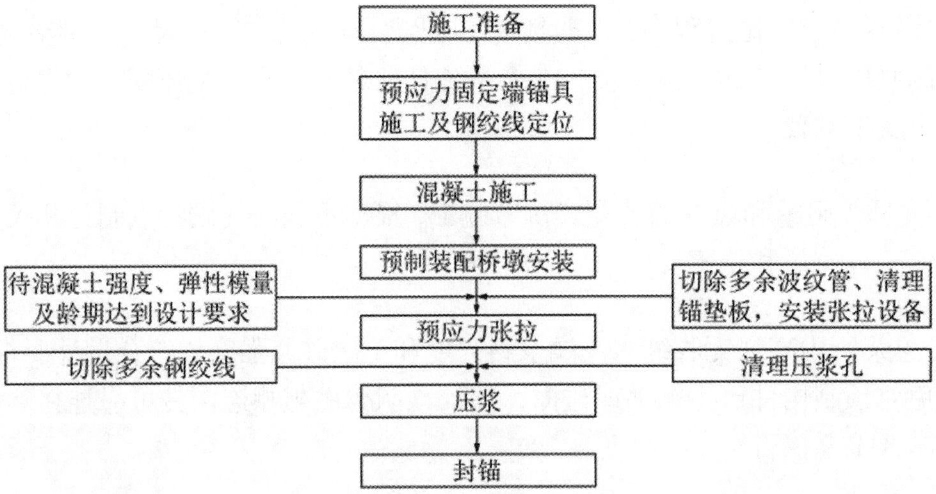


图 8.2.1　预应力连接施工工艺流程图

**8.2.2**　预应力筋出现断裂或滑脱的数量不应超过同一截面预应力筋总根数的 3%，每根断裂的钢绞线断丝不得超过一丝。

**8.2.3**　预应力筋固定端锚固系统宜设置在承台（基础）内，张拉端符合设计要求，波纹管连接处应封缝处理。

**8.2.4**　承台（基础）预留锚槽模板应具有足够的强度、刚度、稳定性，需能承受施工过程中产生的各种荷载，保证结构各部位形状尺寸准确；保证结构混凝土面平整且拆装方便，接缝严密不漏浆。

**8.2.5**　锚槽模板伸出基础顶面不宜小于 20cm，宜采用“井”字形钢架固定锚槽模板顶部，采用锚固筋加固锚槽模板底部。

**8.2.6**　锚槽模板宜采用人工配合起重机拆除，避免因拆模方法不当导致承台混凝土受损。模板拆除应符合现行《铁路混凝土工程施工技术规程》（Q/CR 9207）的规定。

**8.2.7**　加工预应力钢筋固定端时，保持锁头器、挤压机顶杆轴线和钢绞线共线，均匀受力；钢绞线应露出锁头器 5～10mm，挤压弹簧应全部嵌入挤压套与钢绞线之间；挤压套挤压后表面应光滑无裂缝。

**8.2.8**　预应力钢筋固定端锚固装置加工完成后，置入承台（基础）锚槽内，依次进行预应力钢筋固定端定位、位置复测，复测合格后浇筑自密实混凝土。

**8.2.9**　自密实混凝土强度达到设计强度的 50%及以上，方可进行预应力钢筋穿束、预制构件安装和预应力钢筋张拉。

**8.2.10** 吊装预制墩身前，对预制墩身底面及承台顶拼接面进行清理整平，确保拼接面的平整度；通过测量控制网对装配式桥墩进行精确定位、标记，对底部后浇实体段墩身内壁凿毛，保证新旧混凝土有效粘结。

**8.2.11** 墩身立起后采用牵引线法将预应力钢筋穿入预应力孔道，牵引线宜采用钢丝绳；墩身安装前在预应力钢筋张拉端安装牵引器；将牵引绳穿入墩身预应力孔道，牵引绳底端与预应力钢筋牵引器连接；顶端提升，完成预应力钢筋穿孔。

**8.2.12** 牵引绳与预应力筋牵引器连接固定时，施工人员不得在墩身正下方作业。

**8.2.13** 预制构件拼装前清除拼接面尘土、油脂等污染物，并进行清洗、干燥处理。

**8.2.14** 环氧胶黏剂应均匀涂刷覆盖整个拼接面，从拌和到涂抹时间不得大于可施胶时间，且不大于 30min；节段拼装就位后，环氧胶黏剂应在全断面均匀挤出，冬季施工时对环氧胶黏剂采取保温措施。

**8.2.15** 墩帽安装应执行本规程 8.2.11～8.2.14 条的规定。

**8.2.16** 预应力钢筋张拉按照设计文件要求严格执行；预应力钢筋张拉设备应定期检校和维护，具体措施应符合现行《铁路混凝土工程施工技术规程》（Q/CR 9207）的有关规定。

**8.2.17** 预应力钢筋施工前根据设计要求进行张拉、锚固、摩阻试验；当试验结果与设计文件不符时，及时联系设计单位解决。

**8.2.18** 预应力钢筋张拉完成后宜采用砂轮机切除多余的预应力钢筋，钢绞线外露 30～40mm。压浆前清理锚垫板及压浆孔内杂物，同时需检查、清洗设备，防止压浆过程中废渣进入孔道，造成堵孔。

**8.2.19** 预应力筋孔道压浆技术条件满足相关技术标准的要求。压浆工艺流程可按图 8. 2. 19 执行。

**8.2.20** 预应力钢筋张拉完成后 48h 内完成压浆，浆体强度、流动度、凝结时间、泌水率、膨胀率、含气量等性能应符合现行《铁路后张法预应力混凝土梁管道压浆技术条件》（Q/CR 409）的规定及设计文件。

**8.2.21** 管道压浆及封锚应符合现行《铁路混凝土工程施工技术规程》（Q/CR 9207）的规定。

**8.2.22** 封锚前，预留锚槽口均需采用有效措施进行遮挡，防止雨水浸泡。

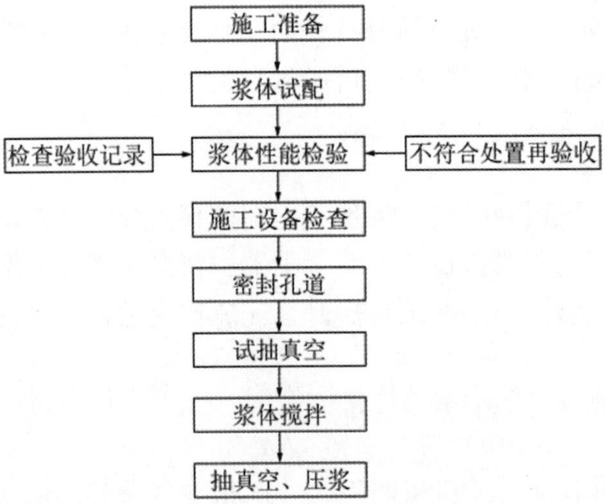


图 8.2.19　压浆工艺流程图

## 8.3　灌浆套筒连接

**8.3.1**　灌浆套筒安装前应按厂家提供的有效的形式检验报告及产品说明书检查套筒外观质量、尺寸偏差和配件等。

**8.3.2**　灌浆套筒连接施工工艺流程可按图 8.3.2 执行。

图 8.3.2　灌浆套筒连接施工工艺流程图

**8.3.3**　全灌浆套筒预制端和钢筋连接端应设置止浆塞，确保其密封牢固。

**8.3.4**　接头连接钢筋的强度等级不应高于灌浆套筒限定的连接钢筋强度等级。

**8.3.5**　接头连接钢筋的直径规格不应大于灌浆套筒限定的连接钢筋直径规格，且不宜小于灌浆套筒限定的连接钢筋直径规格一级以上。

**8.3.6** 预制构件配筋方案（钢筋间距、钢筋数量、箍筋加密区长度等）应根据灌浆套筒外径、长度及灌浆施工要求编制专项作业指导书。

**8.3.7** 构件钢筋插入灌浆套筒的锚固长度应符合灌浆套筒参数要求。

**8.3.8** 预制构件配筋设计应考虑灌浆孔、出浆孔位置的影响。

**8.3.9** 灌浆套筒压浆、出浆口以及对应的压浆管、出浆管连接应密封牢固。压浆、出浆管长度尺寸应根据预制构件实际尺寸留有一定余量，压浆后使用止浆塞塞紧。

**8.3.10** 灌浆套筒现场装配端应采用定位装置定位，安装允许偏差应为 2mm。

**8.3.11** 灌浆套筒与箍筋间连接方式应采用绑扎连接，不得采用焊接方式。

**8.3.12** 预制构件拆模后，及时对全数灌浆套筒内腔进行检查，确保无水泥浆等杂物，干净通畅，如有漏浆或杂物，对内腔进行清理。

**8.3.13** 施工前将灌浆套筒接触面清理干净，在灌浆前冲水湿润，保证无灰渣、无油污、无积水。

**8.3.14** 密封封堵料应采用专用高强封堵料。采用坐浆方式在预制构件底部形成封闭的槽形空间，空间内套筒间不得连通。

**8.3.15** 施工单位应在灌浆前制定灌浆顺序图，确保不漏浆。

**8.3.16** 采用与工况相对应并确定检测合格的灌浆料。施工前加水并搅拌 3～5min，灌浆料与水的比例宜为 1∶0.12；静置 2～3min，待气泡自然排出。灌浆机应预先清洗并吹干。

**8.3.17** 拌制完成的灌浆料应过滤后方可倒入灌浆机，防止灌浆机堵塞。灌浆料倒入灌浆机内循环几次后开始灌浆。灌浆料由压浆口注入，灌浆流速宜为 0.8～1.2L/min。

**8.3.18** 灌浆料由出浆口流出后，立即用橡皮塞封堵出浆口。待检查确认所有接头均完成灌浆后，将压浆口和出浆口表面抹平，灌浆过程作现场记录。

## 8.4 金属波纹管连接

**8.4.1** 金属波纹管施工前需对作业人员进行技术交底。

**8.4.2** 金属波纹管安装前根据设计文件要求进行坐标计算并放出尺寸大样，对金属波纹管坐标和尺寸大样进行复核、确认。金属波纹管连接施工工艺流程可按图 8.4.2 执行。

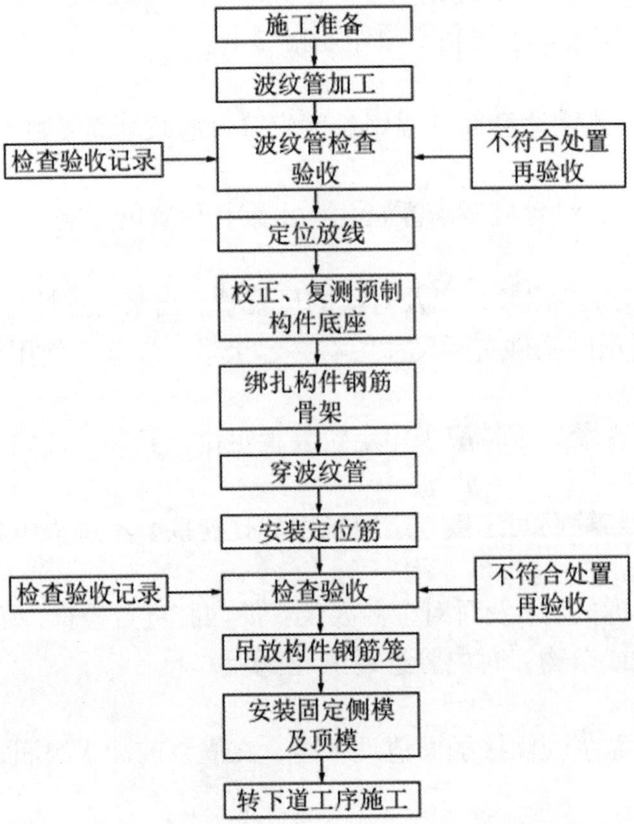


图 8.4.2 金属波纹管连接施工工艺流程图

**8.4.3** 预制构件钢筋骨架加工成型后，方可穿入组装好的金属波纹管。

**8.4.4** 金属波纹管与钢筋采用绑扎连接方式，不得采用焊接方式。

**8.4.5** 钢筋与金属波纹管位置干扰时，联系设计单位进行处理。

**8.4.6** 在金属波纹管附近进行电焊或气割作业时，对金属波纹管采取保护措施，以防被烧穿、漏浆。

**8.4.7** 预制构件拆模后，及时对全数金属波纹管内腔进行检查，确保无水泥浆等杂物，干净通畅，如有漏浆或杂物，对内腔进行清理。

## 8.5 超高性能混凝土连接

**8.5.1** 超高性能混凝土连接所需材料性能应具备第三方检测单位出具的合格检测报告。超高性能混凝土连接施工工艺流程可按图 8.5.1 执行。

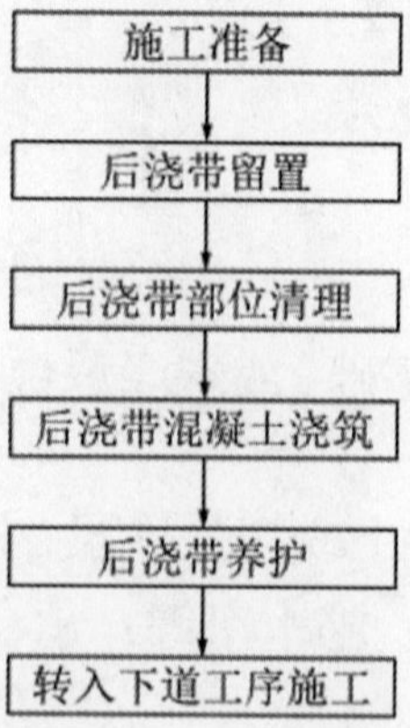


图 8. 5. 1　超高性能混凝土连接施工工艺流程图

**8. 5. 2**　预制构件拼装前应进行匹配试拼装，墩身拼装就位后及时设置临时支撑、防其倾覆。

**8. 5. 3**　承台（基础）设置临时支撑，将承台（基础）预留钢筋与墩身底钢筋搭接后，现浇超高性能混凝土进行固结。

**8. 5. 4**　预制构件安装就位后，可通过设置于承台（基础）顶的临时支撑对预制构件位置和垂直度进行微调。

**8. 5. 5**　接缝后浇带（槽）内预留钢筋满足设计要求，连接施工应符合国家现行有关标准规定。

**8. 5. 6**　超高性能混凝土宜采用带刮铲的立轴行星式快速搅拌机或可调速的强制搅拌机等设备拌和。拌和顺序为启动搅拌机→投入粉料→加水→搅拌 3～6min（粉料状态变为流态）→投入纤维、搅拌 2～4min（观察物料状态）→出料。搅拌时间一般控制在 15min 内，不宜超过 20min。

**8. 5. 7**　拼接面保证粗糙，清除浮浆、松动的石子及软弱的混凝土层；拼接面保证湿润的同时不得留有积水，后浇带超高性能混凝土强度、性能符合设计文件要求。

**8. 5. 8**　墩身与墩帽拼接前，预先在墩身底/顶外圈抹 5～10mm 厚的垫层砂浆，并在砂浆初凝前将预制构件吊装就位，防止后浇超高性能混凝土渗漏。

**8. 5. 9**　墩身与墩帽连接时，将墩身与墩帽预留钢筋搭接后，现浇超高性能混凝土进行固结。

**8. 5. 10**　超高性能混凝土到场数量满足一次性浇筑需求，可采用泵送将超高性能混凝土连续挤压灌入预留后浇带（槽）内，灌注过程中无须振捣施工；超高性能混凝土以溢出出浆孔为准。

## 8.6 承插连接

**8.6.1** 预制墩身插入预制承台（基础）或现浇承台（基础）的钢筋长度应符合设计要求。

**8.6.2** 填缝材料采用微膨胀混凝土或高强砂浆，检验项目包括初始流动速度、抗压强度、竖向自由膨胀率、氯离子含量、泌水率等；承台（基础）接触面需铺设砂浆，铺设厚度应满足设计文件要求。

**8.6.3** 采用预留杯形基础插入式施工，在承台（基础）浇筑时预留杯形连接槽口，承台（基础）浇筑完成后将墩身置于槽口内，按设计要求填充混凝土。墩身和承台（基础）间应设置剪力键，剪力键形式宜采用波浪线齿口。

**条文说明**

剪力键设在墩身底部和承台（基础）杯形槽口内侧，其主要作用是承受墩身和承台（基础）拼接面之间的剪力，抵抗两者之间的相对滑移，保证墩身和承台（基础）整体性。

**8.6.4** 预制墩身插入现浇承台的钢筋笼，可在承台钢筋绑扎完成后一次性插入承台内完成承台浇筑，并保证承台混凝土浇筑过程中墩身位置准确。

**8.6.5** 混凝土粗集料最大粒径保证不大于连接处最小尺寸的1/4，防止堵塞，导致接缝填缝材料振捣不密实；连接节点水平拼缝连续浇筑；竖向拼缝可分层浇筑，分层厚度不大于2m，并在上一层完成初凝前开始下一层的浇筑；填缝材料达到设计要求后方可承受全部设计荷载。

**8.6.6** 预制构件连接处所采用防水材料的性能及防水施工符合设计要求和国家现行有关标准的规定。

## 8.7 检查与验收

**8.7.1** 预应力筋用锚具应和锚垫板、螺旋筋配套使用，锚具、夹具和连接器进场时，应按现行《铁路工程预应力筋用夹片式锚具、夹具和连接器》（TB/T 3193）的有关规定对其性能进行检验。

检查数量：应符合现行《预应力筋用锚具、夹具和连接器应用技术规程》（JGJ 85）的规定。

检验方法：检查质量证明文件、锚固区传力性能试验报告和抽样检验报告。

**8.7.2** 预应力筋进场时，按照国家现行相关标准的规定抽取试件作抗拉强度、伸长率检验，其检验结果应符合相关标准的规定。

检查数量：按进场的批次和产品的抽样检验方案确定。

检验方法：检查质量证明文件和抽样检验报告。

**8.7.3** 无粘结预应力钢绞线进场时，应进行防腐润滑脂量和护套厚度检验，检验结果应符合现行《无粘结预应力钢绞线》(JG/T 161)的规定。

检查数量：应符合现行《无粘结预应力钢绞线》(JG/T 161)的规定。

检验方法：观察、检查质量证明文件和抽样检验报告。

**8.7.4** 预应力钢筋或成孔管道的安装质量符合下列规定：

1 成孔管道的连接应密封。

2 预应力钢筋或成孔管道应平顺，并应与定位钢筋绑扎牢固。

3 有粘结预应力筋曲线孔道波峰和波谷的高差大于300mm，宜采用真空灌浆工艺；采用普通灌浆工艺时，孔道波峰位置设置排气孔。

4 锚垫板的承压面应与预应力筋或孔道曲线末端垂直，预应力筋或孔道曲线末端直线段长度符合表8.7.4的规定。

**表8.7.4 预应力筋曲线起始点与张拉锚固点之间直线段最小长度**

| 预应力筋张拉控制力$N$(kN) | $N \leqslant 1500$ | $1500 < N \leqslant 6000$ | $N > 6000$ |
|---|---|---|---|
| 直线段最小长度(mm) | 400 | 500 | 600 |

**8.7.5** 预应力筋或成孔管道定位控制点的竖向位置偏差符合表8.7.5的规定，其合格点率达到90%及以上，且不得有超过表中数值1.5倍的尺寸偏差。

**表8.7.5 预应力筋或成孔管道定位控制点的竖向位置允许偏差**

| 构件截面高(厚)度(mm) | $h \leqslant 300$ | $300 < h \leqslant 1500$ | $h > 1500$ |
|---|---|---|---|
| 允许偏差(mm) | ±5 | ±10 | ±15 |

**8.7.6** 预制构件底部接缝垫层砂浆强度满足设计要求。

检查数量：在拌浆时应制备砂浆试件，每个安装部位制备不少于三组边长70.7mm的立方体试块，分别测试1d、3d和标准养护28d龄期的抗压强度。

检查方法：检查砂浆强度试验报告及评定记录。

**8.7.7** 承台(基础)混凝土浇筑前后，对预留钢筋、灌浆套筒位置进行检查，允许偏差±2mm。

检查数量：全数检查。

检查方法：观察、检查施工记录、检查试件试验报告。

**8.7.8** 金属波纹管连接前质量检验应符合现行《预应力混凝土用金属波纹管》（JG/T 225）的规定。

检查数量：按进场的批次抽样复验。

检查方法：检查产品合格证、出厂检验报告和进场复验报告。

**8.7.9** 装配式桥墩结构安装完毕，预制构件的位置、尺寸偏差符合设计要求；当设计无具体要求时，按表 8.7.9 的规定执行。

**表 8.7.9 构件安装位置和尺寸允许偏差及检验方法**

| 项目 | 允许偏差（mm） | | 检查频率 | | 检验方法 |
|---|---|---|---|---|---|
| | | | 范围 | 点数 | |
| 轴线位置 | 墩身 | 5 | 每个墩身、墩帽 | 2 | 经纬仪及尺量 |
| | 墩帽 | 8 | | | |
| 顶面高程 | 墩身 | ±5 | 每个墩身、墩帽 | 1 | 水准仪测量 |
| | 墩帽 | 0，−5 | | 3 | |
| 相邻间距 | 墩身 | ±10 | 每个墩身 | 1 | 钢尺量 |
| 垂直度 | 墩帽 | ≤0.2%$H$且不大于15 | 每个墩身、墩帽 | 2 | 经纬仪测量或垂线、尺量，纵横向各1点 |
| 相邻节段间错台 | 墩身 | 3 | 每个接头 | 2 | 钢板尺和塞尺，纵横向各1点 |
| | 墩帽 | 3 | | | |
| 接缝宽度 | 墩身 | ±5 | 每个接头 | 2 | 尺量 |
| | 墩帽 | ±5 | | | |
| 支撑垫石预留位置 | 中心线位置 | 10 | 每个 | 4 | 用钢尺量，纵横向各2点 |
| 预埋件位置 | 高程 | ±2 | 每个 | 1 | 经纬仪放线，用钢尺量 |
| | 轴线 | 5 | | 1 | |

检查数量：按每个墩身、墩帽的预制节段划分检验批，全数检查。

检查方法：经纬仪、水准仪、钢尺、靠尺、塞尺、垂球检查。

**8.7.10** 新技术、新材料、新工艺应按设计要求完成构件结构性能检验。

**8.7.11** 装配式桥墩验收时，除符合国家现行标准的要求外，还应提供以下文件和记录：

1 设计文件、预制构件制作及安装的深化设计图。

2 预制构件、主要材料及配件的质量合格证明文件、进场验收记录、抽检报告及第三方检测单位的检测报告。

3 预制构件安装施工及验收记录。

4 预应力钢筋锚具、连接器等关键设施的质量合格证明文件及抽样检验报告。

5 预应力钢筋安装、张拉的施工记录。

6　钢筋接头试验报告及钢筋性能检验报告。

7　灌浆套筒连接接头试验报告和灌浆施工记录。

8　混凝土、灌浆料、垫层砂浆材料强度检测报告。

9　预制安装结构分项工程质量验收文件。

10　预制安装工程典型质量问题的处理方案和验收记录。

11　隐蔽工程验收记录。

12　分项工程验收记录。

13　构件实体检验记录。

14　影像视频资料。

15　设计要求或合同约定的其他文件。

## 8.8　成品保护

**8.8.1**　装配式桥墩附属设施构配件在搬运过程中轻起轻落，不得抛掷。构配件存放应堆码整齐、支垫牢固，其与地面之间应架空并设置保护性支撑。临时堆放场地应压实、平整，成品构件宜按安装顺序存放。

**8.8.2**　构件宜水平存放，支点位置和堆码层数应符合设计文件的规定，根据预制构件自身刚度及受力状况选择正确堆放方式，竖向存放时需有必要的支护措施。

**8.8.3**　安装完成的附属设施构配件及时连接固定。预埋件均为防锈构件，安装过程中不得碰撞、焊接，安装后采取保护措施。

**8.8.4**　安装装配式桥墩上部结构及附属设施构配件时不得与墩身碰撞。

**8.8.5**　安装完成的桥墩构配件应加以保护，不得在其表面堆放带有污染或腐蚀性的物品。定期对已完成的混凝土构件进行检查。发现损伤或轻污染的混凝土产品，及时修复。

**8.8.6**　定期对存放台座沉降进行观测，预防台座因不均匀沉降对成品构件造成的不利影响。

# 9 施工安全与环境保护

## 9.1 一般规定

**9.1.1** 装配式桥墩绿色施工应符合现行《建筑与市政工程绿色施工评价标准》（GB/T 50640）和《建筑工程绿色施工规范》（GB/T 50905）的有关规定。

**9.1.2** 施工方案和施工组织设计中应包括安全和绿色施工的内容。

**9.1.3** 现场各类预制构件应分别集中堆放整齐，悬挂标识牌，不得乱堆乱放。

**9.1.4** 施工期间，严格控制噪声、振动、强光对周边环境的影响。

**9.1.5** 模板宜采用定型化设计，不同墩身高度的模板统一设计，提高模板通用化程度，减少资源浪费。

**9.1.6** 装配式桥墩施工做到节约资源，保护环境以及保障施工人员的安全与健康。

## 9.2 施工安全

**9.2.1** 施工作业前对参建人员进行施工安全培训，培训合格后方可上岗。施工作业应有安全技术措施，并对作业人员进行安全技术交底。

**9.2.2** 主要施工设备和工器具符合相关技术检验标准，经由具备相应检验检测机构检验合格后方可使用。

**9.2.3** 施工人员不得酒后作业，进入施工作业区应正确佩戴安全帽和配用个人劳动防护用品。高处作业人员应有相应的防护措施。

**9.2.4** 风力六级及以上、大雨、大雪、大雾天气时，不得进行吊装、高处作业和水上运输。

**9.2.5** 特种设备作业人员应持证上岗。

**9.2.6** 建立机械设备检查制度，不合格或者技术指标和安全性能不满足施工安全需要的设备，立即停止使用。

**9.2.7** 吊装作业开始前，应对现场的施工环境进行全面调查，对吊装作业应设置警戒区域并设置明显标识，派人看管，与安装作业无关的人员不得进入。

**9.2.8** 操作人员不得使用安全装置不全（失效）的机械设备。

**9.2.9** 构件吊装时平稳起落，就位后应连接牢固，支撑稳定后方可摘吊钩。

**9.2.10** 采购、使用的机械设备应具有产品合格证、产品使用许可证，建立机械设备的采购、使用、检查、维修、保养责任制。

**9.2.11** 高墩拼装作业时应搭设作业平台及人员上下梯道。

**9.2.12** 施工现场应根据需要设置避雷装置。吊装设备和架空输电线路的安全距离应符合现行《建筑与市政工程施工现场临时用电安全技术标准》（JGJ 46）的有关规定。

**9.2.13** 施工现场新安装或者停工 6 个月以上又重新使用的塔式起重机、门式起重机等，在使用前须进行检验，经检验合格后方可使用。委托具有相应资质的建筑安全监督机构进行检验。

## 9.3 环境保护

**9.3.1** 施工现场加强对生活污水、含油废水、生活垃圾和建筑垃圾的管理。污废水经隔油沉淀处理后达标排放，不得未经处理的污废水直接排入河流水体等，以防污染水质和土壤。生活垃圾和建筑垃圾集中堆放、定期清运。

**9.3.2** 施工便道根据施工季节适当洒水抑制扬尘，产生点较大的施工场地应采取湿法作业，运输土石方的车辆根据季节采取加盖篷布密封和洒水湿法运输。

**9.3.3** 预制构件施工中产生的粘结剂、稀释剂等易燃、易爆、有腐蚀性的化学制品的废弃物为危险废物，及时收集并交由有资质的危废单位进行处理，不得随意丢弃，污染环境。

**9.3.4** 施工完成后，对挖方区域利用余土进行回填、压实，保持原有自然状态恢复原地形地貌。

**9.3.5** 对地层比较脆弱地区，采取有效的工程及临时措施进行相应加固处理，防止发生水土流失。

**9.3.6** 在施工区域内设置截（排）水沟，便于排水疏导，以防止土壤侵蚀及水土流失。

**9.3.7** 严格执行国家及地方环境保护、水土保持相关标准，按照设计文件进行环保工程及水土保持工程施工。

# 附录 A

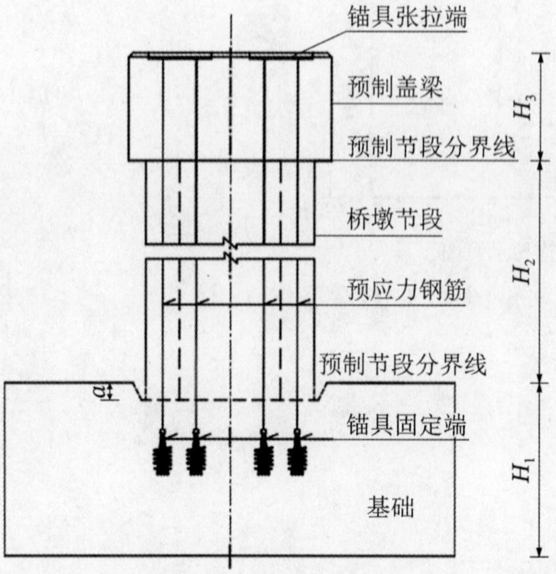


图 A-1　预应力连接示意图

$H_1$-基础厚度；$H_2$-墩身高度；$H_3$-盖梁高度；$a$-槽口深度

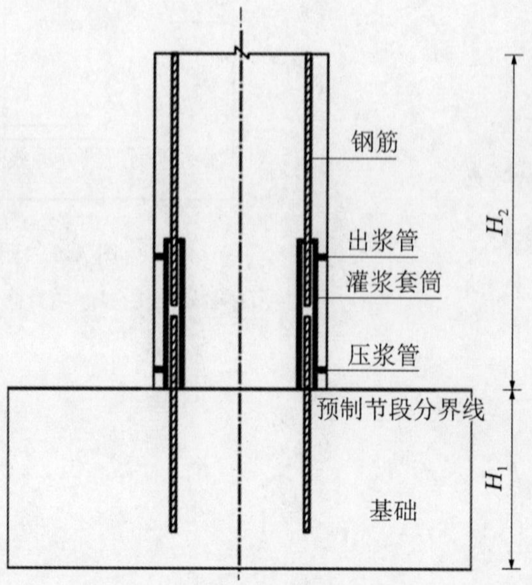


图 A-2　灌浆套筒连接示意图

$H_1$-基础厚度；$H_2$-墩身高度

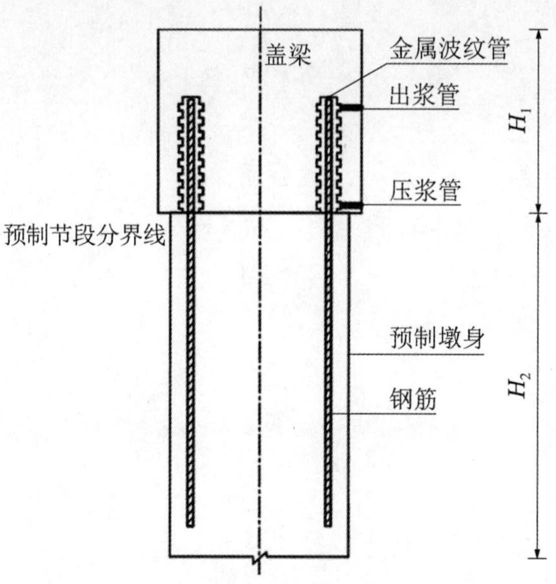


图 A-3　金属波纹管连接示意图

$H_1$-盖梁高度；$H_2$-墩身高度

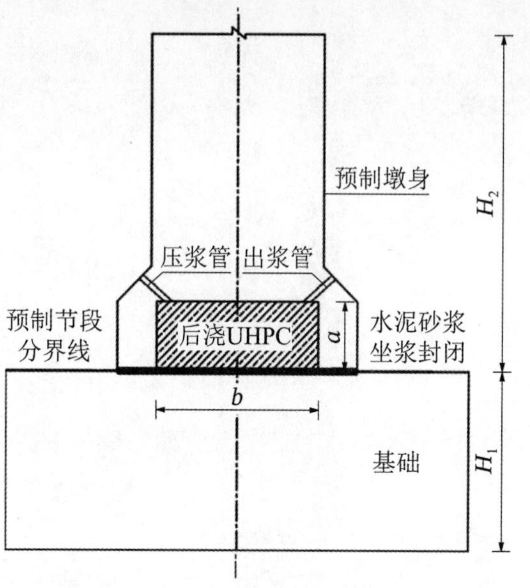


图 A-4　超高性能混凝土连接示意图

$H_1$-基础厚度；$H_2$-墩身高度；$a$-后浇槽高度；$b$-后浇槽宽度

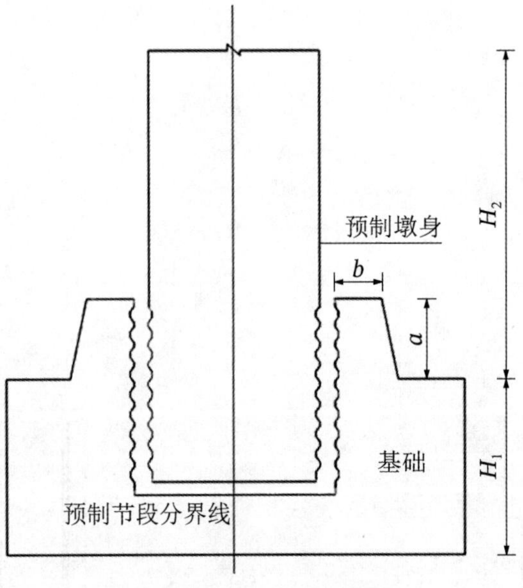


图 A-5　承插式连接示意图

$H_1$-基础厚度；$H_2$-墩身高度；$a$-杯口高度；$b$-杯口宽度

# 本标准用词说明

1　为便于在执行本标准条文时区别对待，对要求严格程度不同的用词说明如下：

1）表示很严格，非这样做不可的：

正面词采用“必须”，反面词采用“严禁”。

2）表示严格，在正常情况下均应这样做的：

正面词采用“应”，反面词采用“不应”或“不得”。

3）表示允许稍有选择，在条件许可时首先应这样做的：

正面词采用“宜”，反面词采用“不宜”。

4）表示有选择，在一定条件下可以这样做的，采用“可”。

2　条文中指明应按其他有关标准执行的写法为“可按……执行”或“应符合……的规定”或“应按……执行”。

# 引用标准名录

1 《通用硅酸盐水泥》（GB 175）
2 《起重机械安全规程》（GB 6067）
3 《混凝土外加剂》（GB 8076）
4 《混凝土加固设计规范》（GB 50367）
5 《工程结构加固材料安全性鉴定技术规范》（GB 50728）
6 《铁路混凝土》（TB/T 3275）
7 《预应力混凝土用钢丝》（GB/T 5223
8 《预应力混凝土用钢棒》（GB/T 5223.3
9 《预应力混凝土用钢绞线》（GB/T 5224
10 《高强高性能混凝土用矿物外加剂》（GB/T 18736）
11 《预应力混凝土用螺纹钢筋》（GB/T 20065）
12 《硅酸盐水泥熟料》（GB/T 21372）
13 《建筑与市政工程绿色施工评价标准》（GB/T 50640）
14 《建筑工程绿色施工规范》（GB/T 50905）
15 《铁路混凝土结构耐久性设计规范》（TB 10005）
16 《铁路工程测量规范》（TB 10101）
17 《铁路工程基本作业施工安全技术规程》（TB 10301）
18 《铁路桥涵工程施工安全技术规程》（TB 10303）
19 《铁路混凝土工程施工质量验收标准》（TB 10424）
20 《建筑机械使用安全技术规程》（JGJ 33）
21 《建筑与市政工程施工现场临时用电安全技术标准》（JGJ 46）
22 《预应力筋用锚具、夹具和连接器应用技术规程》（JGJ 85）
23 《钢筋机械连接技术规程》（JGJ 107）
24 《无粘结预应力钢绞线》（JG 161）
25 《钢筋套筒灌浆连接应用技术规程》（JGJ 355）
26 《预应力混凝土用金属波纹管》（JG/T 225）
27 《钢筋连接用灌浆套筒》（JG/T 398）
28 《钢筋连接用套筒灌浆料》（JG/T 408）
29 《水泥基灌浆材料》（JC/T 986）
30 《铁路后张法预应力混凝土梁管道压浆技术条件》（Q/CR 409）

31 《铁路工程施工组织设计规范》（Q/CR 9004）
32 《铁路建设项目现场管理规范》（Q/CR 9202）
33 《铁路建设项目工程试验室管理标准》（Q/CR 9204）
34 《铁路混凝土工程施工技术规程》（Q/CR 9207）
35 《高速铁路桥涵工程施工技术规程》（Q/CR 9603）
36 《超高性能混凝土基本性能与试验方案》（T/CBMF 37）
37 《钢筋锚固用灌浆波纹钢管》（T/CECS 10098）
38 《铁路预应力混凝土节段预制拼装简支梁暂行技术条件》（TJ/GW 162）

# 涉及专利和专有技术名录

[1] 中铁二十一局集团. 混凝土定时自动养护喷淋设施: 中国, 201520604463. 9[P]. 2015-8-12.

[2] 中铁二十一局集团第一工程有限公司. 弧形钢制防护卡槽限位装置: 中国, 202121124566. 7[P]. 2021-5-21.

[3] 中铁二十一局集团第一工程有限公司, 兰州交通大学. 装配式墩柱钢筋笼制作紧线器装置: 中国, 202221241951. 4[P]. 2022-5-20.

[4] 中铁二十一局集团第一工程有限公司, 兰州交通大学. 装配式结构荷载施加装置: 中国, 20220662403. 2[P]. 2022-7-20.

[5] 中铁二十一局集团第四工程有限公司. 一种龙门吊悬臂拼装装置: 中国, 202023091038. 4[P]. 2020-12-21.

[6] 中铁二十一局集团路桥工程有限公司. 一种桥梁支座安装调平装置: 中国, 202121596929. 7[P]. 2021-7-14.

[7] 新疆铁道勘察设计院有限公司. 一种铁路预制装配式桥墩的预应力连接装置: 中国, 202120579664. 3[P]. 2021-3-22.

[8] 新疆铁道勘察设计院有限公司. 一种高强钢筋吊环: 中国, 202020204504. 6[P]. 2020-2-25.

[9] 新疆铁道勘察设计院有限公司. 一种装配式涵洞翼墙的杯口连接装置: 中国, 202020198415. 5[P]. 2020-2-24.

[10] 新疆铁道勘察设计院有限公司. 一种装配式涵洞翼墙的企口连接装置: 中国, 202020199258. X[P]. 2020-2-24.

[11] 新疆铁道勘察设计院有限公司. 一种铁路桥墩顶帽的踏梯安装结构: 中国, 202022060742. 7[P]. 2020-9-18.

[12] 新疆铁道勘察设计院有限公司. 一种防止桥梁合龙模板坠落的装置: 中国, 202120482416. 7[P]. 2021-3-06.

本文件的发布机构提请注意，声明符合本文件时，可能涉及到相关专利的使用。

本文件的发布机构对于该专利的真实性、有效性和范围无任何立场。

该专利持有人已向本文件的发布机构保证，他愿意同任何申请人在合理且无歧视的条款和条件下，就专利授权许可进行谈判。该专利持有人的声明已在本文件的发布机构备案。

请注意除上述专利外本文件的某些内容仍可能涉及专利。本文件的发布机构不承担识别这些专利的责任。